Holländische Watteninseln

Texel, Vlieland, Terschelling, Ameland, Schiermonnikoog

Heike Völler & Susanne Völler

DUMONT direkt

Inhalt

Welkom

Zu Gast auf den Holländischen Watteninseln

Inseln von West nach Ost

Auf nach De Slufter, Texels wandlungsfähiger Wasserlandschaft

12 Highlights

Extra-Touren

23 Reisetipps

Holländische Watteninseln im Internet

Surftipps

Die Landeskennung für niederländische Websites ist **.nl.**

Die Holländischen Watteninseln sind im Internet sehr präsent. Es gibt eine Unmenge von Web-Auftritten – wichtig ist hier eher, die richtige Site auszuwählen. Viele touristische Angebote haben auch eine deutsche oder zumindest eine englische Sprachversion. Hier ist allerdings Vorsicht geboten: Bei der deutschen bzw. englischen Variante handelt es sich oftmals um einen arg abgespeckten Text. Also ruhig erstmal in die niederländische Seite schauen.

Wer spezielle Informationen sucht, erzielt mitunter gute Ergebnisse über eine holländische Suchmaschine; empfehlenswert ist beispielsweise www.google.nl. Sollte man hier nicht fündig werden, kann man unter www.ilse.nl nachschauen. Weitere, spezielle Links findet man im Buch unter den jeweiligen Kapiteln.

www2.holland.com

Die offizielle Seite des Niederländischen Büros für Tourismus (NBT) bietet allgemeine Informationen zu den Niederlanden, zur Küste, zum Wattenmeer, zu den einzelnen Inseln und den Naturparks, natürlich auch auf Deutsch – und zwar ausführlich und vielseitig.

www.vvv-wadden.nl

Ausgehend von dieser Adresse kann man sich auf die deutsche Version weiterklicken; ein direktes Einwählen ist nach wie vor nicht möglich.

Über diese sehr allgemein gehaltene Website kann man sich direkt in die VVV-Sites der einzelnen Inseln einklinken.

www.vvvameland.nl
www.vvvschiermonnikoog.nl
www.vvv-terschelling.nl
www.texel.net
www.vlieland.net

Die Verkehrsbüros der Inseln, die VVVs, sind mit einem ausführlichen Angebot, alle auf Deutsch (wobei die deutsche Version der Seite des VVV Vlieland zum Recherchezeitpunkt im Februar 2004 nicht zur Verfügung stand), im Internet vertreten. Neben allgemeinen Infos zur jeweiligen Insel bieten sie Last-Minute-Angebote, Hotelarrangements und Direktbuchungen von Unterkünften an, außerdem den aktuellen Wetterbericht, z. T. spezielle Kinderseiten mit interaktiven Spielen, Rezepte u. v. m.

www.waddenkiosk.nl

Interessante Infos zum Thema Wattenmeer, außerdem Online-Einkauf von typischen Wattenprodukten wie Cranberrywijn; z. T. auf Deutsch.

www.?????.pagina.nl

Unter dieser Adresse finden Sie viele Links zu Spezialthemen, wenn Sie die Fragezeichen durch das Thema Ihrer Wahl ersetzen, also z. B. www.strand.pagina.nl, www.strandpaviljoen.pagina.nl oder www.natuur.pagina.nl und auch zu jeder Insel (z. B. www.vlieland.pagina.nl oder www.texel.pagina.nl) mit Links zu Unterkünften, Aktivitäten, Einkaufen, Ausgehen, Gezeitentabelle etc.; nur auf Holländisch.

www.weeronline.com/feature/wadden.htm
www.locatienet.nl

Aktuelle Wetter- bzw. Verkehrsvorhersage für die Inseln bzw. den innerholländischen Verkehr auf Holländisch.

Wel

»Nie bin ich glücklicher als bei der Hinfahrt auf dem Boot.« Das stellte schon Ende des 19. Jh. der Naturforscher Jac. P. Thijsse fest, wenn er sich auf den Weg nach Texel machte. Daran hat sich bis heute nichts geändert: Sobald man die Fähre zu einer der fünf niederländischen *waddeneilanden* besteigt und das schier endlos scheinende Wattenmeer durchquert, stellt sich das ›ultimative‹ Urlaubs-

kom

gefühl ein. Endgültig vergessen ist der alltägliche Kleinkram, wenn sich ein Streifen Land am Horizont abzuzeichnen beginnt und sich die Konturen einer Insel verschärfen. Thijsse übrigens wollte ursprünglich gar nicht nach Texel. Als junger Lehrer war er 1890 auf die Insel ›strafversetzt‹ worden – so jedenfalls empfand er es damals. Doch aus der Strafversetzung sollte eine Liebe fürs Leben werden.

Willkommen

Ob auf Wattwanderung …

»Wind, Wellen und Weite«

Thijsse sollte nur zweieinhalb Jahre auf Texel unterrichten, doch er kehrte für kürzere Aufenthalte immer wieder zurück – ein ›Wiederholungstäter‹ wie so viele nach ihm. Tatsächlich besitzen die Watteninseln eine große Schar treuer Fans, die Jahr für Jahr auf ›ihre‹ Insel zurückkehren, um Ruhe und Natur zu genießen.

»Die Ruhe, die Texel ausstrahlt, macht deinen Kopf frei«, erklärt ein anderer Wiederholungstäter, der Amsterdamer Journalist Frits van Exter. »Das Leben erscheint auf einmal so übersichtlich.« Und wirklich, die Inseln stellen die Besucher nicht vor allzu große Entscheidungen. Das Leben spielt sich zwischen Watt und Nordsee, zwischen Ferienhaus und Dorf ab. Die Tage sind ausgefüllt mit einfachen Dingen: nachsehen, ob das Meer noch da ist, Strandspaziergängen, Muscheln sammeln, Wanderungen durch die Dünen, Pfannkuchen im Strandpavillon mampfen, mit dem *fiets* durch die Wäder flitzen … Erinnerungen an die Kindheit werden wach – wie es war, bis zum Hals im Sand eingebuddelt zu sein, den großen Zeh am ersten Urlaubstag ganz vorsichtig ins Meer zu tauchen, todesmutig eine wabbelige Qualle anzutippen. Kurz: Auf die Watteninseln kommt, wer Atem holen will.

Wie heißen sie denn nun?

Apropos Watteninseln respektive *waddeneilanden:* So nennen die Niederländer die Inseln, die wie Perlen an einer Schnur vor der Festlandsküste im Norden ihres Landes liegen. Bei uns existiert dieser Begriff so nicht. Vielmehr tauchen die Eilande Texel, Vlieland, Terschelling, Ameland und Schiermonnikoog in deutschen Atlanten als Westfriesische Inseln auf, ein Terminus, der heute allerdings nicht mehr richtig ist. Gehört doch Texel nicht zur Provinz Friesland, sondern zu Noord-Holland. Korrekt ist der Begriff Niederländische Nordseeinseln, dafür aber sperrig und eigentlich unpräziser als der hier gewählte, Holländische Watteninseln, der direkt auf ihre Lage im Wattenmeer verweist.

Jede Insel hat ihr ganz eigenes Gesicht

Jeder der fünf *waddendiamanten,* wie die Inseln werbewirksam vermarktet werden, hat sein ganz eigenes Gesicht. Texel als der größte vermittelt das Inselgefühl wohl am wenigsten, dafür bietet es das abwechslungsreichste Freizeitangebot. Hier gibt es etliche Bausünden, und das Touristenzentrum De Koog sollte meiden, wer Ruhe sucht. Dafür lieben Jugendliche diese Amüsiermeile.

... oder bei der Schafschur – Aktion satt

Trotz aller Unkenrufe ist Texel jedoch ein Paradies für Naturliebhaber geblieben. Und am Strand findet sich 100 m abseits der bewachten Strände selbst im Hochsommer garantiert ein abgeschiedenes Plätzchen.

Bei Jugendlichen ist auch Terschelling angesagt: Hier ist was los, und Strand- und Nachtleben stehen hoch im Kurs. Aber auch Naturliebhaber geben sich hier gern ein Stelldichein; fast 75 % der Inselfläche sind geschützt.

Das etwas unspektakulärere Ameland ist fest in deutscher Hand. Besonders Familien kommen Jahr für Jahr gerne wieder. Und seit Pastor Janssen nach Ende des Ersten Weltkrieges blassgesichtige deutsche Kinder in die Sommerfrische nach Ameland schickte, erfreut sich die Insel bei Kinder- und Jugendgruppen besonderer Beliebtheit.

Schiermonnikoog und Vlieland schlussendlich sind lauschige Mini-Eilande. Sie sind am ursprünglichsten geblieben, und der gemächliche Alltagstrott der Insulaner überträgt sich schnell auf die Gäste.

In guter Gesellschaft ...

Watteninseln zählt man insgesamt übrigens fast 50. Auch Dänemark und Deutschland haben ihren Anteil daran: Das Europäische Wattengebiet erstreckt sich vom dänischen Esbjerg über Deutschland bis in die Niederlande. Seit 1986 steht dieses einzigartige Gebiet komplett unter Naturschutz.

»Hier überflutet der Ozean zweimal binnen Tag und Nacht einen unermesslichen Landstrich und verursacht einen ewigen Streit der Natur, sodass man nicht weiß, ob diese Gegend zum festen Lande oder zum Meer gehört,« wunderte sich schon der römische Geschichtsschreiber Plinius der Ältere im 1. Jh. n. Chr.

Ebbe und Flut bestimmen den Alltag. Bei Ebbe entsteht eine Landschaft voller Rinnen und Kuhlen. Bei Flut wird das Gebiet mit Nährstoffen versorgt, die die Basis für eine Nahrungskette sondergleichen bilden. Algen, Pflanzen und Weichtiere nehmen die Nährstoffe auf und dienen ihrerseits als Futter für Krabben, Seesterne, Fische, Vögel.

Kapital der Inseln, die Natur

Wegen seines Nahrungsreichtums ist das Wattenmeer eine unentbehrliche Rast- und Brutstätte für Hunderte von Vogelarten. Zigtausende Zugvögel machen hier Station. Stolz spricht man von einer Kinderstube für Vögel, Fische und Seehunde. Eine Wattwanderung mit einem kundigen Führer öffnet die Augen für diese Wunderwelt. Wo vorher nur grauer Matsch war, wimmelt es plötzlich vor Leben.

Die Natur war es dann auch, die es dem jungen Thijsse, einem der bedeutendsten Botaniker der Niederlande, angetan hatte. Er war beeindruckt von der Vielzahl der Vögel und Pflanzen. Und tatsächlich: Die Flora der Niederlande ist nirgends reicher als auf den Watteninseln. Kein Wunder, treffen wir doch von Norden nach Süden die unterschiedlichsten Biotope an: Meer und Strand, junge Dünen, trockene Dünen und Heide, Wälder, niedrig gelegene nasse Polder, höher gelegene trockene Polder, Groden, Salzwiesen und Watt.

Heute ist die Natur das Kapital der Inseln, der Magnet, der die Menschen wieder und wieder anzieht. Wie die Journalistin Karin Groet. Für sie ist Texel einmalig, sie kann es riechen, fühlen, schmecken und erfahren, die Urkraft spüren wie sonst nirgends in den Niederlanden.

Spätes Umdenken

Auf Qualität statt auf Quantität setzen die Inselgemeinden seit den 90er Jahren, um die durch die Urlaubsbranche übermäßig strapazierte Natur endlich zu schonen. Schon seit den 50er und 60er Jahren des 20. Jh. boomt der Tourismus auf den Inseln, damals forciert durch das neu eingeführte Recht auf Urlaub. Den Bedürfnissen der Touristen wurde zuvor stets Rechnung getragen, der Natur kaum.

Bausünden in dem Ausmaß wie auf den deutschen Watteninseln findet man auf den holländischen Eilanden nicht, auch keine im Winter an Geisterstädte erinnernden Dörfer. Wohl aber den einen oder anderen gesichtslosen Klotz, mitunter sogar direkt an den Strand gesetzt wie in De Koog auf Texel.

Wie ernst es den Inseln mit dem Naturschutz ist, zeigt sich am Beispiel Terschellings. Hier ist die Natur zur dringlichsten und wichtigsten Aufgabe der Verwaltung erklärt worden. Auf allen Inseln werden große Feucht- und Dünengebiete geschützt, einige darf man gar nicht mehr oder nur noch geführt betreten, andere nur zu bestimmten Zeiten. Schiermoonikoog steht sogar fast komplett unter Naturschutz.

Für die Fischer gelten längst strenge Auflagen. Überfischung war und ist immer wieder ein Ernst zu nehmendes Problem. So sind zur Zeit beispielsweise 60 bis 70 % aller Schalentiere für Vögel reserviert. Die zerbrechliche Nahrungskette im Wattenmeer wird außerdem durch die zunehmende Verunreinigung des Wassers massiv gestört.

Und Tausende Vögel sind jährlich Opfer der Verschmutzung von Nordsee und Wattenmeer durch Öl und andere Giftstoffe. Werden sie rechtzeitig gefunden, sind die Chancen recht gut, das Federkleid vom Öl zu befreien. Ruhe und Geborgenheit finden die verängstigten gefiederten Patienten bei ihren ständig in EcoMare auf Texel lebenden Artgenossen wie Baßtölpeln, Trottellummen und Silbermöwen, Vogelarten, die in Gruppen leben und den kranken Tieren schützende Gemeinschaft bieten.

Landabsenkungen durch Ölbohrungen, vor allem auf Ameland, und ein geplanter Windräderpark im holländischen Wattenmeer sind weitere Reizworte für die Naturschutzorganisationen.

Doch auch die Besucher der *waddeneilanden* beginnen umzudenken: Sie kommen nicht mehr nur, um an den kilometerlangen Stränden zu ›braten‹ und in die Nordseewellen zu hüpfen. Sie kommen auch, um die erste Uferschnepfe des Jahres zu begrüßen, den Flug der Löffler zu beobachten, das Blütenmeer des Strandflieders zu genießen, den hohen Ruf eines Austernfischers zu hören oder mit dem *fiets,* dem Fahrrad, dem Auf und Ab der Dünen zu folgen.

Tourismus: im Einklang mit der Natur?

Dem *fiets* gebührt eine Extra-Erwähnung. Es ist das Fortbewegungsmittel auf den Inseln überhaupt. Vlieland und Schiermonnikoog sind ohnehin autofrei, da bleiben einem nur das Rad und die eigenen Füße. Aber auch auf Texel, Terschelling und Ameland ist man gut beraten, das Auto auf dem Festland stehen zu lassen. Engmaschige Rad- und auch Wandernetze stehen überall zur Verfügung.

Besuchern werden viele Freizeitmöglichkeiten geboten – vermehrt im Einklang mit der Natur. In erster Linie, um einen gelungenen Urlaub zu garantieren, aber auch um Ferien außerhalb der Saison attraktiver zu machen. Bei Schlechtwetter sorgen ansprechende Museen, Rochen-Streichelbecken, Spaßbäder und nette Lokale fürs Wohlbefinden. Und nicht wenige machen auch im Herbst und Winter stundenlange Strandspaziergänge, es sei denn, der frische Wind bläst gar zu arg. Weniger Hartgesottenen empfiehlt sich der Strandpavillon. Bei einem *koffie verkeerd* (Milchkaffee) oder einem Grog gemütlich im Warmen sitzen, den Blick aufs brausende Meer gerichtet – was gibt es Schöneres?

Willkommen im Club …

Tritt man den Rückweg von der zweitkleinsten Watteninsel übers Meer an, ist das Letzte, was man sieht, ein Schild, auf dem steht: »Vlieland grüßt Sie.« Die grünen Lettern auf weißem Grund verheißen ein Wiedersehen im nächsten Jahr. – Willkommen im Club der ›Wiederholungstäter‹.

Holländische Watteninseln in Zahlen

Verwaltung: Die fünf holländischen Watteninseln (amtlich: Niederländische Nordseeinseln) gehören verwaltungstechnisch zu zwei niederländischen Provinzen, Vlieland, Ameland, Terschelling und Schiermonnikoog zur Provinz Friesland, Texel zur Provinz Noord-Holland.
Fläche: ca. 37 000 ha, davon Texel 16 000 ha, Vlieland 4022 ha, Terschelling 11 000 ha, Ameland 8500 ha und Schiermonnikoog 7200 ha.
Größe: Texel: 25 km lang, max. 8 km breit, Vlieland: 12 km lang, max. 2 km breit (Vliehors nicht eingerechnet), Terschelling: 30 km lang, max. 4,5 km breit, Ameland: 25 km lang, max. 4 km breit, Schiermonnikoog: 17 km lang, max. 4 km breit.
Strandlänge: 117 km, davon Texel 30 km, Vlieland 12 km, Terschelling 30 km, Ameland 27 km, Schiermonnikoog 18 km.
Waldfläche: 1680 ha, davon Texel 620 ha, Vlieland 300 ha, Terschelling 400 ha, Ameland 210 ha, Schiermonnikoog 150 ha.
Einwohner: 24 350, davon Texel 14 000, Vlieland 1150, Terschelling 5000, Ameland 3200, Schiermonnikoog 1000.
Dörfer: 17, davon Texel 7, Vlieland 1, Terschelling 4, Ameland 4, Schiermonnikoog 1; das größte Dorf ist mit Abstand Den Burg auf Texel (ca. 7000 Einwohner).

Geschichte

Der Blick in die Ferne – werden alle Seeleute gesund zurückkommen?

Ab ca. 2,5 Mio. Jahren v. Chr.
In Pleistozän und Holozän, den letzten beiden Eiszeiten, stapeln Gletscher riesige Mengen an Lehm, Kies und Ton aufeinander. Der älteste Teil Texels, der Hoge Berg, entsteht. Die Temperaturen sinken erneut, das Eis schmilzt, der Meeresspiegel steigt. Die Nordsee schiebt enorme Sandmassen vor sich her, ausgedehnte Sandbänke entstehen. Anfangs ragen diese Strandwälle nur wenige Meter aus dem Wasser heraus. Pflanzen siedeln sich an, halten immer mehr Sand fest; ab 1000 v. Chr. entsteht eine geschlossene Dünenreihe, dahinter liegt ein Moorgebiet.

Ab der Zeitenwende
Nordseesturme schlagen riesige Löcher in die Strandwälle, aus den Überbleibseln entstehen nach und nach die übrigen Watteninseln, im Gegensatz zu Texel reine Gebilde aus Sand. Die dicke Moordecke hinter den Inseln wird weggeschwemmt, das Wattenmeer entsteht. Das Meer nimmt und gibt: Land wird weggeschlagen, nördlich der alten Dünen entstehen neue Dünenketten, z. T. sind sie mehrere Kilometer lang. Bauern, die aus dem Süden kommen, siedeln im heutigen Deichvorland. Sie legen Warften an, oft nicht höher als 1 bis 2 m, auf die sie sich flüchten. Um 800 n. Chr. wütet das Meer besonders: Die Warften werden ständig weiter verstärkt, die Verbindungswege zwischen ihnen erhöht.

11./12. Jh.
Die See verhält sich relativ ruhig, immer mehr Menschen ziehen ins Deichvorland. Unter der Leitung von Mönchen werden enorme Gebiete eingedeicht, Land wird gewonnen. Die Pflege der Deiche obliegt allen gemeinsam. Seit ca. 1200 existiert das Wattenmeer ungefähr in seiner heutigen Form.

13.–16. Jh.
Die Watteninselbewohner finden ihr meist karges Auskommen vor allem in der Fischerei, auf einigen Inseln spielen auch Ackerbau und Viehzucht eine (untergeordnete) Rolle. Die Handelsschifffahrt der Hanse beginnt eine Rolle zu spielen, lie-

gen die Inseln doch ideal an der Route von England, Flandern und Holland zu den Hansestädten Hamburg, Bremen und Lübeck.

17. Jh., das Goldene Jahrhundert

Im Jahr 1585 wird Amsterdam bedeutendster Stapelplatz Nordeuropas. Die Handelsrouten führen nun durch Vlie und Marsdiep, insbesondere Terschelling, Vlieland und Texel sind Nutznießer. Viele Kapitäne der großen Handels- und Militärschiffe stammen von den Watteninseln. Auch auf den Inseln selbst macht man Geld: mit dem Lotsen, Segel- und Seilmachen, der Proviantierung. Holland steigt im 17. Jh. zur führenden Handelsnation auf. Handelsvereinigungen, unter ihnen die VOC, die Vereinigte Niederländisch-Ostindische Kompanie, konzentrieren sich auf die Kolonien in Ost- und Westindien. Sie sammeln unermessliche Reichtümer an, von denen einige auf den Watteninseln bleiben.

18./19. Jh.

Bereits seit dem 17. Jh. stellen die Bewohner der Watteninseln einen bedeutenden Teil der Mannschaften auf den großen Walfängern, insbesondere Kapitäne. Die Männer sind zwar monatelang weg, bringen aber viel Geld mit auf die Inseln. Dies endet schlagartig, als die Engländer 1798 die niederländische Walfangflotte beschlagnahmen. Zeitgleich läuten die Dampfschiffe das Ende der Segelschifffahrt ein, viele Seemänner werden arbeitslos. Doch es kommt noch schlimmer für die Insulaner: Der Bau des Groot Noordhollands Kanaal 1824 macht großen Schiffen das problemlose Erreichen Amsterdams möglich, die Routen durch Vlie und Marsdiep werden unrentabel. Das 19. Jh. wird zum Jahrhundert des Darbens. Um Ackerland zu gewinnen, werden z. T. große Gebiete eingepoldert.

20. Jh.

Zu Beginn des 20. Jh. ist die wirtschaftliche Lage desaströs. Küstenschutzmaßnahmen verschlingen Unsummen. Die beiden Weltkriege versetzen dem aufkeimenden Tourismus herbe Schläge. Doch in den 50er und 60er Jahren setzt ein wahrer Boom ein – forciert durch das neu eingeführte Recht auf bezahlten Urlaub –, der bis jetzt anhält. Die Watteninseln setzen heute auf einen sanften Tourismus; oberstes Ziel ist der Naturschutz, schließlich ist die Natur das Kapital, mit dem sie wuchern.

2002

Das 400-jährige Jubiläum der VOC wird auf allen Inseln enthusiastisch gefeiert. EcoMare, Zentrum für Wattenmeer und Nordsee auf Texel, feiert 50-jähriges Jubiläum als Seehundauffangstation.

Gut zu wissen

Badestrände

Um ungefährdet schwimmen zu gehen, sollten einige Regeln beachtet werden: Am besten bei steigendem Wasser, also bei Flut, baden gehen. Baden bei Ebbe und starkem Wind ist gefährlich. Luftmatratzen etc. sind auf allen Watteninseln im Meer verboten, da sie durch die Strömung zu schnell abtreiben können. Man sollte auch nie in der Nähe von Buhnen, Wellenbrechern, Hafenmolen etc. ins Wasser gehen; hier wird ein Sicherheitsabstand von mind. 40 m angeraten. Eigentlich selbstverständlich: Kinder sollten niemals ohne die Aufsicht eines Erwachsenen im Meer spielen oder schwimmen gehen.

Deutsch-holländisches Verhältnis

Nur wenige Deutsche sprechen Niederländisch, viele Holländer, gerade auf den Watteninseln, hingegen die deutsche Sprache, meistens gut und oftmals gerne. Doch es gibt auch Holländer, die nach wie vor mit Deutschen am liebsten kein Wort wechseln. Noch immer bestehen Vorbehalte gegenüber der einstigen Besatzungsmacht.

Unverständlich ist, dass gerade auch das Deutschland-Bild von Jugendlichen von Vorurteilen belastet ist, wie Umfragen ergaben. Sie finden die Nachbarn im Osten arrogant, überheblich, kriegslüstern. Dieses ›Wissen‹ haben sie, obwohl viele von ihnen noch nie im Nachbarland waren – und auch gar nicht hin wollen.

Leider gibt es aber auch immer noch Deutsche, die nicht einsehen wollen, dass – krass gesprochen – die Niederlande keine Kolonie Deutschlands sind, und die automatisch davon ausgehen, dass jeder Deutsch spricht, sie sich aber keine Mühe mit der fremden Sprache geben müssen. Dabei wird der Versuch, sich ein paar holländische Floskeln anzueignen oder es erst einmal mit Englisch zu versuchen, stets anerkennend registriert.

Drogen

Seit den 1970er Jahren forciert Hollands Regierung eine sehr fortschrittliche Drogenpolitik, u. a. duldet sie weiche Drogen wie Marihuana und Haschisch: Sie können verkauft und geraucht werden – nur zur persönlichen Nutzung bis 5 g.

Gegen Besitzer und Käufer harter Drogen geht die Polizei allerdings streng vor. In den (wenigen) Coffeeshops, die auf den Inseln existieren, werden *softdrugs* auf der Speisekarte angeboten, liegen *spacecakes* oder *BonBons* in der Auslage, wird mit Hasch aufgebrühter Tee oder Kaffee serviert.

Gerade Texel galt in den 70er/80er Jahren unter deutschen Jugendlichen als Paradies, war es doch ebenso praktisch wie gemütlich, am Strand von De Koog in der Sonne zu ›braten‹ und sich einen Joint zu bauen, dessen Inhalt man kurz zuvor hier erstanden hatte. Dieses Kapitel ist allerdings längst Geschichte, und während in großen Städten wie Amsterdam der Straßenverkauf nach wie vor seine Blüten treibt, sind die Watteninseln in dieser Hinsicht völlig ›clean‹.

Ebbe und Flut

Den Lebensrhythmus an der Küste bestimmen die Gezeiten. Tabellen mit *hoog-* und *laagwatertijden* werden in der Presse veröffentlicht, hängen an den Touristeninformationen, den VVVs, aus bzw. sind dort als Flyer zu bekommen. An den bewachten Stränden sind sie üblicherweise plakatiert oder auf Kreidetafeln (mit Luft-und Wassertemperaturen) notiert. Ursache für Ebbe und Flut sind die Fliehkraft der Erde und die Anziehungskraft von Mond und Sonne.

Holländisch oder Niederländisch?

Obwohl Holland ja eigentlich nur einen Teil der Niederlande ausmacht, nehmen es die Niederländer – oder eben auch Holländer – mit dem Begriff nicht so genau und gebrauchen ihn synonym.

Linnenverhuur

Wer der Meinung ist, seine Koffer seien eh schon zu schwer, der kann Bettwäsche und Handtücher ausleihen (Infos beim VVV).

Preisniveau / Reisekasse

Das Preisniveau ist höher als in Deutschland und Festland-Holland (einmal abgesehen von Amsterdam).

Vogelparadies!

Laut Schätzungen halten sich jährlich 10 Mio. Vögel im Wattenmeer auf. Einige leben dort, andere kommen zum Brüten und Überwintern oder sind nur auf der Durchreise. Die *wadden-eilanden* liegen nämlich an einer der bedeutendsten Zugvogelrouten zwischen den nördlichen Brutgebieten und Afrika sowie Südspanien, wo sie überwintern. Die wichtigsten Vogelarten sind die Watvögel oder Limikolen (Austernfischer, Rotschenkel, Großer Brachvogel, Strandläufer), Gänse (Ringel-, Weißwangengans), Enten (Pfeif-, Krick-, Eider-, Brandente), Möwen (Silber-, Lachmöwe) und Seeschwalben (Brandsee-, Flusssee-, Zwergseeschwalbe). Die Vögel, die hier leben, nehmen mit jedem Happen, den sie essen, auch Salz auf – Eiderenten am Tag beispielsweise gut 50 g. Da die Nieren dies nicht verarbeiten können, scheiden die Tiere Salz über gut entwickelte Drüsen über den Augen wieder aus. Durchschnittlich leben 700 000 Vögel im Watt – und sie alle essen von demselben reich gedeckten Tisch: dem Wattenmeerboden.

Höflichkeit

Die Holländer sind sehr viel höflicher als ihre deutschen Nachbarn. ›Danke‹ – *bedankt* – und ›Bitte‹ – *alstublieft* – prasseln wie ein Dauerregen auf Kellner, Verkäufer, Tankwarte etc. nieder. Sollte man jemanden auch nur leicht anstoßen, ist ein lautes *sorry* gefordert. Wer etwas bestellen will, geht nicht zur Theke und verlangt ein Bier, sondern fragt, ob er ein Bierchen haben dürfte – *mag ik een biertje?* Auch wer bezahlen will, fragt, ob er dies darf: *Mag ik afrekenen?* Häufig fügen die Holländer auch noch ein zweites Sätzchen hinzu, übers Wetter, die Menschen, das leckere Essen – ›nur‹, um freundlich zu sein.

Man zahlt einen – von bösen Zungen so getauften – ›Insel-Zuschlag‹ auf die meisten Produkte und Dienstleistungen. Dies fällt extrem bei Hotels und Restaurants auf. Auf Terschelling und Texel gibt es mehr Konkurrenz – das treibt auch die Preise etwas nach unten.

Die Euro-Einführung hat die Preise wie vielerorts auch auf den Inseln zusätzlich in die Höhe getrieben, was sich besonders in der Gastronomie auswirkt.

›Problem‹ Tourismus

Zigtausende von Touristen bevölkern insbesondere in der Hauptsaison, in den Schulferien und während der Feiertage die Watteninseln, Spitzenmonate sind Juli und August. Fast immer begegnen die *eilander* ihnen hilfsbereit und freundlich, doch einigen ist der Andrang in den letzten Jahren zu arg geworden. Verständlich, wenn man bedenkt, dass die Bewohner Probleme haben, auf ihrer Insel eine Wohnung oder ein Häuschen zu bekommen, während lange Zeit ein Ferienhaus nach dem anderen entstand, ein Ferienpark nach dem anderen eröffnet wurde und die Touristen sich breit machen.

Mitunter, gerade gegen Ende der Saison, spürt man auch, dass die Freundlichkeit des Kellners im Restaurant oder der Bedienung im Strandpavillon einen leichten Einbruch erlitten hat. Nicht persönlich nehmen, dies kann Ihnen zu Saisonende überall passieren, ob nun auf Texel oder auf Kreta.

Reisezeit

Auf den Inseln herrscht das ganze Jahr über ein recht mildes Klima. Im Sommer ist es etwas kühler als auf dem Festland, im Winter etwas wärmer. Die beliebteste Reisezeit für einen Inselurlaub sind nach wie vor die Hochsommermonate Juli und August, wenngleich die Besucherzahlen für Frühjahr, Herbst und Winter wachsen. Denn einerseits lernen immer mehr Touristen den Reiz der anderen Jahreszeiten schätzen, zum anderen bemühen sich die Insulaner, auch für die übrigen Monate des Jahres ein attraktives Angebot auf die Beine zu stellen.

Im Sommer sind die meisten Badestrände bewacht. Von den Oster- bis zu den Herbstferien haben die Museen, Schwimmbäder, Hotels, Pensionen und Campingplätze geöffnet. Frühjahr und Herbst ziehen die meisten Naturliebhaber an – nicht zuletzt, weil die besten Monate zum Vogelbeobachten Mai, September und Oktober sind. Der Herbst auf den *waddeneilanden* ist recht lang und verhältnismäßig warm.

Im Winter weht oftmals eine steife Brise, dafür lockt ein großes Kulturangebot. Und der ständig wehende Wind bläst die Regenwolken auch schnell wieder fort, sodass auf den Inseln meist weniger Niederschlag fällt als auf dem Festland.

Spartipps & Ermäßigungen

Die Watteninseln sind ein teures Pflaster, insbesondere die Hotels, Restaurants, Bars und Diskotheken. Beim Buchen der Unterkunft lohnt es unbedingt, Angebote beispielsweise über den VVV einzuholen! Zu Hochsaisonzeiten geizen die Hotels zwar mit Sonderangeboten, aber es lohnt immer, die Websites in Frage kommender Hotels auf Spezialarrangements zu checken.

Die VVVs fast aller Inseln bieten mehrtägige Arrangements zum Komplettpreis an, die neben der Übernachtung in Hotels oder Pensionen die unterschiedlichsten Leistungen beinhalten: Fährticket, Leihfahrrad, Museumsbesuch, mehrgängige Menüs, Informationspakete, Kutterfahrten, Fahrrad- und Wanderkarten.

Ein Blick auf die Internetseiten der VVVs lohnt ebenfalls, weil diese dazu übergegangen sind, Last-Minute-Angebote der Hotels und anderer Unterkünfte ins Netz zu stellen. So kann ein schneller Klick mitunter viel Geld sparen helfen.

In Hotels gibt es für Kinder, die im Doppelzimmer ihrer Eltern schlafen, häufig Ermäßigungen (Kinder bis ein oder zwei Jahre können entweder gratis oder für ca. 10–13 € im Zimmer der Eltern übernachten, Kinder von zwei bis sieben bzw. zehn Jahren zahlen 50 % des regulären Preises).

Souvenirs

Fast jede Insel hat ihren eigenen hochprozentigen Kräuterbitter, ob 't Juttertje und Kees Boontje auf Texel oder Nobeltje auf Ameland, oft noch uraltem Rezept gebraut. Aus den auf Terschelling und Vlieland einzigartigen Cranberries wird vielerlei produziert – u. a. Marmelade, Wein, Likör, Tee, Essig – und auch auf den anderen Inseln vertrieben. Leckere Mitbringsel sind die inseleigenen Kuchen- und Gebäckspezialitäten wie z. B. der auf Texel beheimatete Hoornderring, ein mächtiges ›Küchlein‹ mit viel Butter und Mandeln.

Auf fast allen Inseln gibt es mindestens eine *kaasboerderij,* einen Bauernhof, auf dem meist herzhafte Käsesorten aus Kuh- und im Frühjahr und Sommer auch aus Schafsmilch hergestellt werden. Das auf den Inseln allgegenwärtige Schaf liefert nicht nur Milch für den Käse und z. B. für Seifen, sondern auch Wolle für warme Pullover, Socken und Pantoffeln; viele Inselläden führen eine breite Palette an Schafwollprodukten. Texel hat eine eigene Wollfabrik; die dort gefertigten Bettdecken sind in einigen Inselgeschäften zu bekommen und halten selbst im ärgsten Winter schön warm.

Natürlich gibt es auf allen Inseln auch Leuchtturmmodelle in allen Größen, Muscheln aller Art und Plüschseehunde und -schafe – oft allerdings recht kitschig …

Auf Texel steht bei einer Buchung von Oktober bis März von Montag bis Freitag bei einigen Hotels ein Leihfahrrad kostenlos zur Verfügung.

Von April bis Oktober kann man von Dienstag bis Donnerstag zu einem verbilligten Tarif mit der Fähre nach Texel übersetzen.

Einige Hotels bieten außerhalb der Sommersaison einen Aufenthalt in der Woche (außer Wochenende) zu ermäßigten Preisen an.

In einigen Hotels und Apartmentkomplexen wird in bestimmten Perioden (außerhalb der Ferienzeit) für Personen über 55 Jahre und junge Familien (ältestes Kind unter fünf bis sieben Jahre) eine Ermäßigung von 10 bis 20 % gewährt.

Auch beim Essen gehen kann man Geld sparen: Besonders Restaurants der gehobenen Kategorie bieten häufig preiswerte Lunchmenüs an, sodass der Gast in den Genuss eines guten Preis-Leistungs-Verhältnisses kommt und oft mehr Aufmerksamkeit erfährt als am Abend, wenn die Restaurants gesteckt voll sind.

Und, last not least, sparen tut, wer auf den öffentlichen Nahverkehr angewiesen ist, wenn er keine teuren Einzeltickets erwirbt, sondern sich die für ihn günstigste Variante der *strippenkaart* (Mehrfahrtenkarte) kauft.

Weitere günstige Tickets sind die Combi-kaart (Beförderung mit Bus und Fähre) oder das Waddenbiljet (Beförderung mit Zug, Bus und Fähre). Infos zu den Sondertarifen etc. gibt es bei der OV-Reisinformatie, Tel. 09 00/92 92 (nur innerholländisch; 0,50 €/Min.).

Ermäßigungen bieten z. T. auch die Museen an, diverse Museumskarten reduzieren den Eintritt mitunter erheblich.

›Eilandhoppen‹

Inselhüpfen wie auf den griechischen Inseln gibt es auf den waddeneilanden nicht, u. a. weil kaum feste Fährverbindungen zwischen den Inseln bestehen. Tagesausflüge zu Nachbarinseln sind jedoch auf allen Inseln im Angebot. Außerdem organisieren die VVVs inzwischen *2–3-eilanden arrangementen* zu festen Terminen für fünf bis acht Tage (inkl. Hotelübernachtung, aller Fährtickets, Transfer auf den Inseln, Leihfahrrad; Infos bei den VVVs).

Verständigung

Nur allzu gern erbringen die Holländer mit links den Beweis, dass sie Englisch, Deutsch und/oder Französisch verstehen und sprechen, und seien es auch nur ein paar Brocken. In der Regel legen sie aber fließend eine Meisterleistung vor dem erstaunten und ihrer Sprache meist nicht mächtigen Gast hin.

Einige Sätze und Floskeln des Niederländischen zu können, ist daher nicht nur Ehrensache, sondern auch Gebot der Höflichkeit.

Vögel beobachten

Die beste Zeit ist von September bis Oktober und im Mai, wenn Hunderttausende Vögel zugleich die Inseln besuchen oder auf Zwischenstation sind. Pfade in den Naturschutzgebieten auf keinen Fall verlassen, Hunde unbedingt anleinen!

Erinnerungen an alte Zeiten werden wach

Feste & Unterhaltung

›De Amelanders‹ in Aktion

Feiertage

Nieuwjaar (Neujahr): 1. Jan.
Goede Vrijdag (Karfreitag)
Paaszondag (Ostersonntag)
Paasmaandag (Ostermontag)
Koninginnedag (Geburtstag der Königin): 30. April
Bevrijdingsdag (Tag der Befreiung von den Deutschen Ende des Zweiten Weltkriegs): 5. Mai
Hemelvaartsdag (Christi Himmelfahrt)
Pinksterzondag (Pfingstsonntag)
Pinkstermaandag (Pfingstmontag)
Kerstmis (Weihnachten)

Feste & Festivals

Ameland

Oldtimer-Wochenende: Ende April. Zig alte Wagen aus der Zeit von 1945 bis 1975 rollen über die Insel.

Beach-Rugby-Festival: s. S. 31.

Handwerkertag Ballum: Ende Juli. Vorführung und Ausstellungen alter Handwerke und Techniken mit dem Schwerpunkt Landwirtschaft, u. a. auch Tanzdarbietung der Folkloregruppe De Amelander.

Mittsommerfest Buren: letztes Juli-Wochenende (Nacht von Freitag auf Samstag) am Strand von Buren mit viel Musik.

Rôggefeest: erster Freitag im Aug. in Nes. Beliebtes Straßenfest mit Musik, Theater und Show. Besonderer Spaß für Kinder: Jongleure, Clowns und Zauberer.

Kunstmonat November: Zeitgenössische Kunst – Ausstellungen und Aktivitäten quer über die Insel. An den Wochenenden viele kulturelle Veranstaltungen.

Schiermonnikoog

De Kallemooi: Pfingsten. Höhepunkt samstags um Mitternacht: Ein gestohlener Hahn wird in einem Korb auf die Spitze eines Maibaums gezogen. Riesenspektakel auch am Dienstag **(Pinkster-drie)** beim Runterlassen des Hahns: Kinderspiele, Drehorgel- und Blasmusik etc.

Zang- en Muziekconcours: Anfang Juni. Mehr als 30 Musikkorps und Chöre treten im Dorf auf.

Concours Hippique: s. S. 31.

Gin See to Heich: Der Shanty-Chor der Insel tritt bei diversen Open-Air-Festivals während der Sommermonate auf.

Schullefeest: Wochenende im Juli/Aug. alle zwei Jahre (2004/2006) am Oosterreeweg. Fest, das an die Fischerfrauen *(Schierse Schullemeiden)* erinnert, die einst die Schollen verkauften. Im 18. Jh. besaß Schiermonnikoog seine eigene Fischereiflotte, deren

Hauptfang Schollen ausmachte. Nachdem Ende des 18. Jh. die Fischerei an Bedeutung verlor, schlief auch das Fest ein. Seit dem Jahr 2000 wird das Schullefeest wieder gefeierrt; es steht immer unter einem besonderen Thema.
Offene Tennismeisterschaften: s. S. 31.
Internationales Kammermusikfestival: vier Abende im Okt.

Terschelling

Schaluppen-Ruderwettbewerb: s. S. 31.
Oerol Festival: 10 Tage Mitte Juni. Einmaliges, international bekanntes Straßentheater- und Musikfestival an den schönsten Flecken der Insel, egal ob am Strand, auf dem Wasser, im Wald, in den Dörfern. Das Ereignis steht jedes Jahr unter einem besonderen Thema. (Wer bei diesem Ereignis dabei sein möchte, muss sich sehr frühzeitig um eine Unterkunft bemühen, da der Andrang groß ist.)
Sint Jan: Das traditionelle Inselfest findet im Zentrum von Midsland statt; u. a. werden Pony- und ›Ackergaul‹-Wettrennen in der Hauptstraße veranstaltet.
Volkstanzgruppen: Auftritte während der Sommermonate an verschiedenen Stellen.
Märkte/Jahrmärkte: im Juli/Aug.
Rock'n Roll Street: Wochenende Ende Aug./Anfang Sept. in Midsland. Back in the fifties: Alles dreht sich auf der Straße Oosterburen ums Tanzen. Mehr als 10 Bands aus dem In- und Ausland sind hier zu Gast.
Berenloop: s. S. 31.
Veemarkt: An einem Donnerstag im September wird in Midsland der traditionelle Viehmarkt abgehalten. Gleichzeitig findet in der Straße Oosterburen ein Markt statt, auf dem zahlreiche Inselprodukte zum Kauf feilgeboten werden.

Texel

Naturmonat Mai: Vorlesungen, Exkursionen, Workshops, Kurse, Kinderaktivitäten, u. a. zum Thema Natur, z. B. zu Möwen, Seehunden, Strand, Watt, Flora etc. Extrazeitung mit allen Terminen beim VVV oder unter www.natuurmaandtexel.nl anfordern, Programm auch im »Vakantiekrant«.
Ronde om Texel: s. S. 31.
Countryfestival: Wochenende im Juni in Den Burg. Zweitägiges Fest mit viel Musik und ausgelassener Stimmung.
Folkloremarkt: im Juli/Aug. mittwochs 10–16 Uhr in Den Burg. Volkstanzgruppen in Trachten, altes Handwerk und Produkte der Insel.
Hoornder Donderdag: im Juli/Aug. donnerstags Markt ab 16 Uhr in Den Hoorn, ab 19 Uhr Abendprogramm mit wöchentl. wechselnden Themen: traditionelles Schafscheren und -melken, Ringstechen, Tauziehen, alte Handwerke.
Hollands Musikfestival: Anfang Aug. in Den Burg. Musikalisches auf den Straßen und in allen Sälen.
Sea & Street Festival: Ende Aug. in De Koog. Soul und karibische Klänge; leckere Cocktails.
Schafzuchttag: 1. Mo im Sept. in Den Burg. Schafzuchttag auf dem Groeneplaats; traditioneller Viehmarkt mit Jahrmarktatmosphäre. In früheren Tagen fanden im Mai und Juni in Den

Meereswoche

In der letzten Maiwoche finden an der Küste landesweit jährlich wechselnde Aktivitäten statt. Infos: www.weekvandezee.nl.

Sommermärkte auf Texel

De Koog: Di nachmittags und abends
Den Burg: Folkloremarkt (s. S. 21)
Den Hoorn/De Cocksdorp: Do nachmittags und abends (Hoornder Donderdag/ Den Hoorn, s. S. 21, und Durper Feestmarkt/De Cocksdorp)
Oosterend: Trödelmarkt, zweimal wöchentl.

Burg echte Lammmärkte statt, zu denen die Schafzüchter von weither anreisten. Heute erinnert nur noch diese, hauptsächlich für Touristen inszenierte – aber dennoch interessante – Veranstaltung an die früheren Viehmärkte. Der Verkauf des Jungviehs wird heute direkt auf den Höfen abgewickelt. Wer am Schafzuchttag teilnehmen möchte, sollte entweder mit dem Rad kommen oder sehr frühzeitig das Auto im Dorf abstellen, da sich der Verkehr in den Straßen staut, und es gewaltige Parkprobleme gibt.

Texelrace: s. S. 31.

Texel Blues Festival: Anfang/Mitte Okt. 3-tägiges Festival in Den Burg, besonders die bekannten Bands locken Bluesfans. Infos: www.Texelblues.nl.

Weihnachtsmarkt: Sa vor Weihnachten in Oosterend.

Vlieland

Donnerstagabend-Aufführung: Während der Saison tritt an jedem Donnerstagabend eine andere Vlieländer Gruppe auf, so der Gesangsverein, die Musikkapelle Vlielandse Fanfare, die Jugend-Schlagzeugband oder auch Volkstanzgruppen.

Halve Marathon Stortemelk: s. S. 31.

Veranstaltungen

Im Sommer jagt eine Veranstaltung die nächste: von Floh- und Trödelmärkten über Kirmesrummel bis zu Volleyballturnieren am Strand und offenen Ateliertagen (auf den Inseln leben etliche Künstler).

Mit Dia-Abenden, Exkursionen, Volkstanzaufführungen und traditionellen Vorführungen wie Ringstechen bemüht man sich, den Gästen die Inseln nahe zu bringen. In puncto Musik ist von ausgezeichneten klassischen Konzerten über Shanty- und Chormusik bis zum Big-Band-Sound (auf Texel) alles vertreten.

Ausgehen

Während es auf Texel und Terschelling (vor allem in De Koog, Den Burg, West, Midsland) abends brummt, läuft das Nachtleben auf den drei kleineren Inseln ruhiger ab. Allerdings gibt es auch hier etliche Cafés, Bars, Musik- und Volkstanzgruppen, Möglichkeiten zum Billard-/Dartspiel und zum Tanzen sowie eine ausgeprägte Café- und Restaurant-Terrassenkultur, die auch im Frühjahr und Winter gepflegt wird *(verwarmd terras)*. Auf Texel gilt die ›2/3-Regelung‹: Ab 2 Uhr darf keiner mehr herein, um drei wird dichtgemacht. Auf Ameland ist bis 1.30 Uhr Einlass, feiern darf, wer drin ist mitunter bis 4 Uhr. Auf den anderen Inseln ist meist gegen 2 Uhr Zapfenstreich.

Unterwegs mit Kindern

Die Watteninseln sind das ideale Reiseziel für Familien mit Kindern. Die Insulaner sind sehr kinderfreundlich und entsprechend gut auf die kleinen Gäste eingestellt. Die Hauptattraktion für Kinder – und natürlich auch für Erwachsene – ist der schöne, breite Strand mit Badespaß, Burgen bauen und Ballspiel. Dort kann man die Kinder bedenkenlos laufen lassen, keine direkt hinterm Strand verlaufende dicht befahrene Straße stört die Ruhe. Die Kinder können nach Herzenslust spielen und die Eltern können sich in aller Ruhe dem seit Monaten auf dem Nachttischschränkchen wartenden Buch widmen oder einfach in der Sonne dösen.

Eine wirklich praktische Errungenschaft sind die Strandpavillons: Dort kann man immer mal Eis, Pommes oder Getränke holen oder auch für ein komplettes Menü einkehren. Praktisch auch, dass es dort Toiletten gibt, brauchen Kinder diese doch oft in Sekundenschnelle. Selbst wenn die Sonne mal nicht scheint, ist der Strand ein ideales Ausflugsziel: z. B. um Drachen steigen lassen oder um Muscheln suchen.

Schwimmbäder sorgen dafür, dass Wasserratten auch bei schlechtem Wetter nicht zu kurz kommen.

Unternehmungen

Groß ist die Angebotspalette für die Kleinen aber auch sonst: mit Spielplätzen, speziellen Exkursionen (z. B. Wattwanderungen, Wanderungen durch verschiedene Naturgebiete, lehrreiche Spaziergänge am Strand), Ponyreiten, großen Seeaquarien mit Streichelbecken, Kinderbauernhöfen, Streichelzoos, Traktorfahrten am Strand, Kutterfahrten zu den Seehundbänken, interessanten Museen (z. B. Strandräuber- und Naturkundemuseen) auch für Knirpse und Schauvorführungen auf Bauernhöfen …

Die auf allen Inseln gut ausgebauten Radwegnetze bieten eine weitere Möglichkeit für Ausflüge mit Kindern. In der Regel sind separate Radwege angelegt, man muss den Autoverkehr also nicht zu sehr fürchten. Nicht unterschätzen sollte man allerdings den mitunter kräftig wehenden Wind. Dann sollte man auf geschütztere Wege im Wald ausweichen. Bei den zahlreichen Radverleihern gibt es auch immer Kinderräder, -sitze und -anhänger.

Im Sommer finden allerorts Märkte und Feste mit Kinderaktivitäten und Kirmisrummel statt.

Praktische Tipps

Essen gehen mit Kindern ist auf den Inseln eine entspannte Angelegenheit. Kinder sind in Restaurants gern gesehene Gäste und müssen nicht darben; neben speziellen *kindergerechten* ist auch für die Infrastruktur gesorgt: Hochstühle, Malblätter und -stifte, Spielplätze und Spielzeug lassen das Essengehen für alle zum Erfolg werden.

Auch die Unterkünfte sind gut auf Kinder eingestellt. Ideale Unterkünfte sind Ferienhäuser und -wohnungen, die es zuhauf gibt. Kinderstühle und -betten gibt es fast überall zu mieten. Einige Campingplätze sind besonders auf Familien zugeschnitten. Wer gern im Hotel wohnt, sollte sich eines der größeren Häuser suchen (am besten Apartmenthotels), diese sind häufig gut auf Kinder eingestellt (u. a. separate Kinderzimmer, im Sommer spezielle Aktivitäten für Kinder, mitunter sogar ein Babysitterservice).

Übernachten

Zum Strand ist es von keiner Unterkunft aus wirklich weit ...

Die Insel-VVVs geben reich bebilderte und informative Kataloge (»VVV-gids«) mit Unterkunftsnachweisen heraus. Auf Anfrage werden sie vom VVV verschickt bzw. stehen zum großen Teil im Internet auf den Sites der VVVs zur Verfügung. Selbst Vermieter von Privatzimmern und Ferienhäusern sind hier erwähnt. Die in den Katalogen genannten Unterkünfte sind über den jeweiligen VVV zu buchen. Ferienhäuser werden auch in den Touristikbeilagen der deutschen Presse angeboten.

Wie und wann buchen?

Im Sommer und in den Ferien sind so gut wie alle Unterkünfte weg, man muss Monate im Voraus buchen – selbst bei Campingplätzen. Spontan noch etwas zu finden, ist so gut wie unmöglich, insbesondere am Wochenende oder für einen längeren Zeitraum.

Die Unterkünfte auf den Inseln sind teuer. Günstige Hotels und Pensionen finden sich kaum. Einige wenige Hotels haben das ganze Jahr über einen konstanten Preis, andere nehmen in den Sommermonaten ca. 10 % mehr. Apartments sind in der Nebensaison um ca. 50–60 % billiger, Ferienhäuser mitunter sogar bis zu 70 %.

Wollen Sie über Feiertage oder zu Veranstaltungen auf die Inseln kommen, kann im Hotel nur ein Aufenthalt von mindestens drei bis vier Nächten gebucht werden. Wird kurzfristig gebucht, ist auch ein kürzerer Aufenthalt möglich. In vielen Hotels gilt die Regelung, dass übers Wochenende für mindestens zwei bis drei Tage gebucht werden muss. In den Sommermonaten Juli und August kann in einigen Häusern nur wochenweise gebucht werden. In einigen Perioden (in Ferienzeiten oder über Feiertage) ist pro Nacht und Person ein Zuschlag (ca. 2–10 €) zu zahlen.

Bei einer Übernachtung im Doppelzimmer ist von Einzelpersonen in der Regel ein Zuschlag zu zahlen (ca. 10–30 €).

Hotels und Pensionen

Von kleineren Familienpensionen bis zu großen Hotelanlagen gibt es alles. Dementsprechend ist auch die Ausstattung der Zimmer: Die Palette reicht von recht kleinen und sehr nüchtern und zweckdienlich gehalten Zimmern bis zu Luxussuiten mit Whirlpool, separatem Ankleidezimmer und Internetanschluss. In vielen Häusern ist das Freizeitangebot (Sauna, Solarium, Schwimmbad, Tennisplatz) recht groß. Oft ist die Lage fantastisch, besonders gefragt sind die Häuser mit Meerblick.

Die unter »Inseln von West nach Ost« genannten Preise für Hotelzimmer beziehen sich auf zwei Personen im Doppelzimmer inklusive Frühstück.

Privatzimmer / Ferien auf dem Bauernhof

Logies (met ontbijt) - Zimmer (meist mit Frühstück): Die günstigere Alternative zu Hotel und Pension – häufig mit Familienanschluss.

Ferienwohnungen

Bei längeren Aufenthalten ist diese Art der Unterbringung sicherlich die günstigste. Die Ferienhäuser und -wohnungen sind üblicherweise gut ausgestattet (5-Sterne-Klassifizierung). Viele Häuser befinden sich in Bungalowparks, was bedeuen kann, dass sie sehr nah beieinander liegen.

Gruppenunterkünfte

Nicht nur in den Niederlanden sind die Watteninseln beliebtes Ziel für Schulausflüge etc. Es gibt hier eine große Zahl von sehr unterschiedlich ausgestatteten Gruppenunterkünften, die meist schön liegen (Spezialbroschüre bei den VVVs). Über die größte Zahl von Gruppenunterkünften verfügt Ameland.

Jugendherbergen / Herbergen

In West-Terschelling, in Den Burg auf Texel, in Schiermonnikoog-Dorf und in Hollum auf Ameland (s. unter den jeweiligen Orten).

Campingplätze / Zelten auf dem Bauernhof

Auf Schiermonnikoog und Vlieland ist das Campingplatzangebot klein. Wohnmobile und Caravans sind dort nicht erlaubt (autofrei), auf den übrigen Inseln schon. Hier gibt es auch zahlreiche Camping- und Caravanplätze. *Stacaravans* (fest installierte, komplett ausgestattete Wohnwagen mit Bad/WC) kann man übrigens mieten – für viele die günstige Alternative zum Ferienhaus.

Sehr schön sind die natuurkampeerterreinen (Naturcampingplätze), die Staatsbosbeheer, die Staatliche Forstbehörde, unterhält. Sie sind klein, einfach, schön und ruhig gelegen. Auch das Zelten auf dem Bauernhof ist eher etwas für Ruheliebende. Die Plätze sind klein und einfach mit meist großzügigen Stellplätzen.

Urlaubsorte im Überblick

(nach Kriterien der Urlaubsplanung)
Wer auf **Texel** mitten im Geschehen sein will, muss sich in De Koog einquartieren, bis spät in die Nacht herrscht dort noch reges Treiben. Von De Koog hat man allerdings auch den kürzesten Weg zum Strand. Ruheliebende sollten sich einen kleineren Ort wie Oosterend, De Waal oder Den Hoorn suchen.

Terschelling kann mit beidem dienen, mit Ruhe und mit Abwechslung. Wer sich in West-Terschelling oder in Midsland einquartiert, ist wohl eher auch am abendlichen Ausgehen in trubeliger Atmosphäre interessiert. Im Osten der Insel dagegen wird's ruhiger. Friedlich geht es auch in den Ferienhaussiedlungen im Norden zu – und man hat den kürzesten Weg zum Strand.

Auf **Ameland** ist Ballum der wohl ruhigste Ort, besonders quirlig – zumindest in den Sommermonaten – ist es in Nes. Auch im relativ gesichtslosen Buren sind viele Gäste untergebracht, dort trifft man insbesondere auf Jugendgruppen.

Am ruhigsten ist es ganz klar auf den beiden kleinen Inseln **Vlieland** und **Schiermonnikoog,** die zudem noch autofrei sind, zumindest für die Gäste.

Essen & Trinken

Gut besucht und bekannt für seine Küche – Graaf Bernstorff

Regionale Küche

Eine lange kulinarische Tradition besitzen die Watteninseln nicht: Die Inselbewohner haben lange Zeit am Hungertuch nagen müssen, was nicht gerade als Delikatesse gilt. So stand auf dem Speisezettel über Jahrhunderte Fisch, Fisch und nochmals Fisch. Doch isst man heute gut und vielfältig auf den Inseln.

Neben dem allgegenwärtigen Fisch, der gebraten, geschmort, gekocht, geräuchert, mariniert oder als Suppe auf den Tisch kommt, den Muscheln – lecker in Wein, Sahne oder Bier gekocht – und anderen Meeresfrüchten (insbesondere Garnelen) setzt die Inselküche vor allem auf Lamm- und Rindfleischgerichte. Einheimische wie Urlauber schätzen das zarte Lammfleisch mit der besonderen Geschmacksnote. ›Présalé‹, vorgesalzen, ist das Fleisch, weil die Tiere mit Meersalz angereichertes Gras fressen. Als wohl größter Fan dieser Delikatesse gilt der französische Staatspräsident Jacques Chirac.

Auch das hiesige Rindfleisch ist für seine ausgezeichnete Qualität bekannt. Wild findet seinen Weg dagegen eher selten in die Töpfe. Mitunter stehen aber Reh *(ree)*, Dünenkaninchen *(duinkonijn)*, Fasan *(fazant)* und Ente *(eend)* auf der Speisekarte. Immer wieder wird der Gast auf der *menukaart* auf das Wort *stoofpotje* stoßen. In solch einem ›Schmortopf‹ findet sich vom Reh über Rind, Kalb und Lamm alles bis zum Fisch, immer mit viel Gemüse und Kartoffeln gut durchgeschmort – und einen Versuch wert. Besondere Erwähnung verdient auch der Pfannkuchen, der nicht wegzudenken ist aus der holländischen Küche und auf den Inseln oft in sehr kreativen und überraschenden Variationen auf den Teller kommt.

Einen hervorragenden Ruf genießen durch die Bank auch die Milchprodukte der Inseln: Egal, ob es sich um die Sahne handelt, in der die Muscheln geköchelt werden, die fette Crème fraîche, die als Klacks neben dem Kalbsfilet landet, oder die leckeren Käse, insbesondere von Schaf und Ziege.

Vegetarier können auf den *waddeneilanden* übrigens aufatmen: Jedes Café/Restaurant bietet mindestens zwei bis drei auf sie zugeschnittene, oft kreative Gerichte und mitunter komplette Menüs an.

Kinder müssen ebenfalls nicht darben, neben speziellen *kindergerechten* ist auch für die Infrastruktur gesorgt: Hochstühle, Malblätter und -stifte, Spielplätze und Spielzeug lassen das Essengehen für alle zum Erfolg werden.

Immer mehr Restaurants bemühen sich, *eilanderproducten* zu servieren – also Inselprodukte wie Terschellinger *cranberries* (s. S. xy), *geitenkaas* (Ziegenkäse) oder *lamsoorhoning* (Strandfliederhonig).

Hauptgerichte werden in der Regel mit Pommes frites, gebackenen oder gekochten Kartoffeln, Kroketten, verschiedenen Gemüsesorten (kalt und warm) und Salat serviert.

›Tussendoortjes‹

Belegte Brötchen sind die meistgeliebten *tussendoortjes,* ›Zwischendurchleins‹ also. Von altem Gouda über Mozzarella, von Lachssalat bis hin zum knackigen Grün mit Ei und Tomaten variieren die möglichen Beläge.

Wer etwas Herzhafteres möchte, sollte die Fischstände keinesfalls links liegen lassen. Ein Garnelenbrötchen oder ein *hollandse nieuwe* (frischer, roher Hering) stillt den Hunger, vielleicht kombiniert mit einer riesigen sauren Gurke, einer *zure bom.*

Um wirklich satt zu werden, empfiehlt sich eine Portion *patat,* wie Pommes hier heißen. Mit der Formel *patatje met* werden Pommes Mayo geordert, bei *patatje oorlog* werden Pommes und Zwiebeln in Mayonnaise und Satésoße getränkt. Weitere beliebte Snacks sind (Fleisch-)Kroketten, *kaassoufflé,* Hamburger und Ähnliches.

Wer so gegen fünf Uhr nachmittags ein *borreltje,* einen Schnaps, zu sich nehmen will, sollte unbedingt eine *borrelgarnituur* bestellen. Zu einem Stückchen Gouda bekommt man dann u. a. Ochsenwurst und *bitterballen* (panierte, frittierte Ragoutbällchen).

Getränke

Auf den Inseln hat man sich auf das Herstellen von Kräuterlikör und -bitter spezialisiert: Tesselschade, 't Juttertje, Kees Boontje, Kleintje van Geert (mit 18 Kräutersorten!) und Nobeltje sind nur einige der beliebten Marken.

Weitere Spezialitäten sind auf Terschelling der Beerenburg (Genever mit Kräutern) und der Cranberrywijn, der auch auf Vlieland produziert wird. Auf Texel braut man inseleigenes Bier (s. S. xy), u. a. eines mit dem schönen Namen 't Licht van Troost (9 ‰).

Alkohol wird in den Niederlanden übrigens nicht im Supermarkt, sondern im Spezialgeschäft, der *slijterij,* verkauft.

Essen gehen

Viele Restaurants bieten neben der abendlichen Dinner- auch eine (meist kleine) Lunchkarte zur Mittagszeit an. Lunchtime ist von 12 bis 14 Uhr; die Küche hat auch in der Hochsaison abends selten länger als bis 20/21 Uhr geöffnet.

Die Hauptmahlzeit der Holländer ist das abendliche Dinner, mittags nimmt man in der Regel nur einen kleinen Imbiss zu sich. In der Hauptsasion legen viele Restaurants keinen Ruhetag ein; allerdings gibt es keine einheitliche Regelung. Etliche Betriebe schließen von November bis zu den Weihnachtsferien und von Januar bis zu den Osterferien.

Essen auf Pfählen

Selbst am Strand müssen Sie nicht auf *lekker eten gaan* verzichten. Das ›Essen auf Pfählen‹ in den Strandpavillons macht es möglich. Vom Eis und leckeren Kartoffelstäbchen über typisch holländischen Apfelkuchen bis zum kompletten Menü bieten die meisten eine breite Palette an. Einige haben sogar ganzjährig geöffnet, die übrigen ca. von den Oster- bis zu den Herbstferien, danach werden sie abgebaut.

Kulinarisches Lexikon

Brot & Brotaufstrich

Beschuit Zwieback
Brood Brot
Broodjes Brötchen
Chocopasta Nuss-Nougat-Creme
Hagelslag Schokostreusel
Honing Honig
Jam Marmelade
Krentenbrood Rosinenbrot
Pindakaas Erdnussbutter
Suikerbrood Zuckerbrot
Vleeswaren Wurst

Fleisch & Geflügel

Bal gehakt Frikadelle
Biefstuk Beafsteak
Eend Ente
Fazant Fasan
Frikadel würzige Wurstrolle
Ham Schinken
Kalfsvlees Kalbfleisch
Kalkoen Truthahn, Pute
Karbonade Kotelett
Kip Huhn
Konijn Kaninchen
Lamsvlees Lamm
Rundvlees Rindfleisch
Varkensvlees Schweinefleisch

Fisch & Meeresfrüchte

Baars Barsch
Haring Hering
Garnalen Garnelen
Inktvis Tintenfisch
Kabeljauw Kabeljau
Kreeft Krebs
Makreel Makrele
Mosselen Miesmuscheln
Oesters Austern
Paling Aal
Tarbot Steinbutt
Tong Zunge, Seezunge
Tonijn Thunfisch
Zalm Lachs

Gemüse und Obst

Aalbessen Johannisbeeren
Aardappels Kartoffeln
Aardbeien Erdbeeren
Abrikozen Abrikosen
Appels Äpfel
Asperges Spargel
Bananen Bananen
Bloemkool Blumenkohl
Bramen Brombeeren
Broccoli Broccoli
Champignons Champignons
Courgettes Zucchini
Druiven Trauben
Erwten Erbsen
Frambozen Himbeeren
Knoflook Knoblauch
Komkommer Gurke
Meloen Melone
Peren Birnen
Perzikken Pfirsiche
Sinaasappels Apfelsinen
Sla Salat
Sperzieboontjes Prinzessbohnen
Spruitjes Rosenkohl
Tomaten Tomaten
Uien Zwiebeln
Witlof Chicoree
Worteltjes Möhren
Zuurkool Sauerkraut

Milchprodukte

Eieren Eier
Geitenkaas Ziegenkäse
Kaas Käse
Karnemelk Buttermilch
Koffiemelk Kaffeesahne
Kwark Quark
Margarine Margarine
Melk Milch
Room Sahne
Roomboter Butter
Schapenkaas Schafskäse
Slagroom Sahne

Vla holländischer Pudding
Yoghurt Joghurt

Soepen

Bouillon Bouillon
Erwtensoep Erbsensuppe
Bonensoep Bohnensuppe
Groentensoep Gemüsesuppe
Kervelsoep Kerbelsuppe
Mosterdsoep Senfsuppe
Tomatensoep Tomatensuppe

Dranken

Appelsap Apfelsaft
Bessenjenever Johannisbeer-Aufgesetzter
Bier Bier
Druivensap Traubensaft
Jenever Genever (Wacholderschnaps)
Koffie Kaffee
Koffie verkeerd Milchkaffee
Kopstoot Bier mit Jenever
Pilsje Bier
Sinaasappelsap Orangensaft
Spa blauw Stilles Wasser
Spa rood Mineralwasser mit Kohlensäure
Thee Tee
Tomatensap Tomatensaft
Witbier Weizen

Typische Gerichte

Appelgebak met slagroom Apfelkuchen mit Schlagsahne
Boerenkool met worst en spek Grünkohl mit Wurst und Speck
Bruine bonen met stoofvlees, worst en spek Braune Bohnen mit Schmorfleisch, Wurst und Speck
Erwtensoep met worst Erbsensuppe mit Wurst
Gebakken haring met bietensalade en remouladesaus Brathering mit Rote Betesalat und Remoulade
Gebakken kabeljauwfilet Gebratenes Kabeljaufilet
Gepocheerde zalmfilet met Goudse kaassaus Pochiertes Lachsfilet mit Gouda-Käse
Hete Bliksem Himmel und Erde
Hollandse biefstuk met pepersaus Beafsteak mit Pfeffersauce
Hollandse garnalen Garnelen
Hollandse garnelenkroketjes Holländische Garnelenkroketten
Hotspot met stoofvlees, worst en spek Kartoffelbrei mit Gemüse, Schmorfleisch, Wurst und Speck
Kaaskroketjes met oude kaas Käsekroketten mit altem Käse
Loempia Frühlingsrolle
Nordzee vissoep Nordsee-Fischsuppe
Oliebollen frittierte Krapfen
Patat speciaal Pommes frites mit Mayonnaise, Ketchup und Zwiebeln
Stamppot Eintopfgerichte
Gebakken aardappels met appelmoes Bratkartoffeln mit Apfelmus
Pannenkoeken Pfannkuchen
Poffertjes Püfferchen
Saté Erdnusssauce
Texels lamsvlees met rode portsaus Texelsches Lammfleisch mit roter Portweinsauce
Uitsmijter Strammer Max
Zoute haring met uitjes Salzhering mit Zwiebeln
Zure haring met salade Sauer eingelegter Hering mit Salat
Zuurkool met worst Sauerkraut mit Wurst

Aktiv auf den Inseln

Mit dem Kanu aufs Wattenmeer

Angeln

Auf dem Meer, an Strand und Deich ist Angeln ohne Schein erlaubt; allerdings sind höchstens zwei Angeln pro Person erlaubt; es empfiehlt sich, außerhalb bewachter Strandabschnitte seinem Hobby zu frönen. Wer in Binnengewässern angeln will, braucht eine Lizenz. Auf allen Inseln werden Angelfahrten auf Fischkuttern organisiert.

Fallschirmspringen

Auf Texel und Ameland im Paracentrum an den Flughäfen möglich.

Golf

Wer auch im Urlaub golfen möchte, ist auf Ameland und Texel richtig.

Kanu- und Kajakfahren

Auf Texel, Terschelling und Schiermonnikoog werden Touren und/oder Kurse auf Nordsee und Wattenmeer organisiert.

Radfahren

Alle Inseln verfügen über ein ausgezeichnetes Radwegesystem. Den Weg weisen die *paddestoelen* (›Pilze‹). Diese geduckten kleinen weißen, an Pilze erinnernden Wegweiser sind zahlreich über die Eilande verteilt.

Bei den VVVs gibt es ausgezeichnetes Kartenmaterial und Vorschläge für (geführte) Touren. Viele Verleiher (u. a. auch viele Bungalowparks, Campingplätze und Hotels) machen auch den glücklich, der kein eigenes Rad mitbringt.

Reiten

Markierte Reitwege finden sich auf allen Inseln. Auch am Strand ist Reiten möglich, allerdings nur zu bestimmten Zeiten bzw. geführt. Die Manegen (Reitställe) organisieren Kurse und Ausritte, für die Kleinen gibt's Ponys und Spezialunterricht.

Schwimmen

Kapital der Inseln sind ihre Strände: Sie sind kilometerlang, breit, feinsandig, kinderfreundlich und damit Hauptanziehungspunkte für Groß und Klein. Alle Inseln verfügen in der Saison über bewachte Badestrände. Den Anweisungen der *strandwacht* ist unbedingt Folge zu leisten: Denken Sie an starke Strömungen und Priele. Bei Ebbe sollte man auf ein Bad im kühlen Nass verzichten. Vor gefährlichen Strandabschnitten warnen Schilder. Flaggen zeigen an, ob Baden erlaubt ist. Rot bedeutet Badeverbot, Grün Schwimmen erlaubt. Luftmatratzen und Gummitiere dürfen nicht mit ins Wasser genommen werden.

FKK ist auf Vlieland, Schiermonnikoog und Terschelling außerhalb der bewachten Strände überall erlaubt, auf

Texel nur an besonders ausgewiesenen Stellen, auf Ameland verboten.

Strandhuisjes (kleine, praktische Holzhäuschen), Liegestühle, Sonnenschirme kann man an den bewachten Stränden mieten.

Schwimmbäder sind im Reiseteil unter dem jeweiligen Ort aufgeführt. Etliche Hotels bieten auch Nicht-Gästen die Benutzung ihres Hallenbades (oft mit Sauna und Solarium) an. Infos beim VVV.

Segeln / Katamaransegeln

Alle Inseln verfügen über gut ausgestattete Jachthäfen. Wer kein eigenes Schiff besitzt, kann sich auch einem ein- oder mehrtägigen Törn anschließen, vielleicht auf einem historischen Segelschiff? Katamarankurse kann man auf Texel und Ameland belegen.

Tennis

Die Tennisanlagen gehören fast immer zu Hotels. Frühzeitig reservieren.

Wandern

Ob Rund-, Ein- oder Mehrtageswanderung (auf den größeren Inseln), Familienspaziergang, Wattwanderung, geführte Tour oder Lehrpfad – die Watteninseln sind ein ausgezeichentes Revier für Wanderer. Verschiedene Organisationen haben markierte Wanderwege angelegt. Infos über die VVVs.

Windsurfen

Der frische Wind garantiert Surfern fast immer ideale Voraussetzungen. Für Cracks auf der Nordsee, für alle anderen auf dem Wattenmeer. Schule auf Schiermonnikoog.

Wintersport

Sobald es friert, zieht es den *eilander* zur Eislaufbahn: Auf zum Volkssport Nr. 1, dem *schaatsen.* Einige Radverleiher verleihen auch Schlittschuhe – und Skier. Denn: Auf allen Inseln wird Langlauf betrieben.

Sport-Highlights

Ameland / Beach-Rugby-Festival: Wochenende Mitte Juni. Internationales Turnier, u. a. Offene Niederländische Meisterschaften am Strand bei Nes. Außerdem Touristen-Turniere und viele Aktivitäten. Info: www.ameland-beach-rugby.com.

Schiermonnikoog / Concours Hippique: an einem Juli-Mittwoch. Reitturnier.

Schiermonnikoog / Offene Tennismeisterschaften: Juli-Wochenende. Teilnehmen kann jeder, von 8 bis 80.

Terschelling / Schaluppen-Ruderwettbewerb: an einem Mai-Freitag (meist nach Himmelfahrt). Von Harlingen nach Terschelling (30 km). Am darauf folgenden Samstag findet das **Sagitta Zeilrace** statt. Start: West.

Terschelling / Berenloop: Anfang Nov. Terschelling-Marathon durch Dünen, Wald, Heide und am Strand entlang.

Texel / Ronde om Texel: Wochenende im Juni. Das größte, sehr gut besuchte Katamaranwettsegeln der Welt. Info: www.roundtexel.com.

Texel / Texelrace: Mitte Sept. umrunden Windsurfer Texel; Teilnahme nur auf Einladung.

Vlieland / Halve Marathon Stortemelk: 1. Sonntag im Aug., Start am Campingplatz De Lange Paal. Außerdem 10-, 5- und 2-km-Läufe. Infos: www.halvemarathonvlieland.nl.

Sprachführer

Aussprachehilfen

Niederländisch	Deutsch
ei z. B. in plein	wie **äi** in Lady, aber kurz
eu z. B. in deur	wie **ö** in dösen
oe z. B in boek	wie **u**
ou z. B. in oud	wie **au**
u z. B in nul	wie **ü**
ui z. B. in uit	etwa **öi**, an diesem Vokal scheitern die meisten Ausländer
ij z. B. in lijn	wie **ei**, kommt im Alphabet an letzter Stelle
g z. B. in tegel	etwa wie **ch** in fluchen
sch z. B. in schaap	s + ch getrennt sprechen

In der holländischen Schriftsprache stößt man manchmal auf ein Trema wie z. B. in Indië oder drieëntwintig, d. h. beide Vokale müssen einzeln gesprochen werden.

Allgemeines

Guten Tag, Herr	Dag meneer
Guten Tag, Frau	Dag mevrouw
Guten Morgen	Goedemorgen
Guten Tag	Goedemiddag
Guten Abend	Goedenavond
Gute Nacht	Goedenacht
Auf Wiedersehen	Tot ziens
Wie geht's?	Hoe gaat het?
Danke, gut	Goed, dank u wel
Entschuldigung	sorry/pardon
Es tut mir leid!	Het spijt me!
Achtung!	Let op!/Pas op!
Hilfe!	Help!
Bitte	alstublieft
Danke	bedankt/ dank u wel
Gern geschehen	Geen dank/ Graag gedaan
Bitte sehr	Alstublieft
Mein Name ist …	Mijn naam is…
Wo ist hier …?	Waar is hier…?
Wann?	Wanneer?

Zeit

Montag	maandag
Dienstag	dinsdag
Mittwoch	woensdag
Donnerstag	donderdag
Freitag	vrijdag
Samstag	zaterdag
Sonntag	zondag
Feiertag	feestdag
Stunde	uur
Tag	dag
Woche	week
Monat	maand
Jahr	jaar
heute	vandaag
gestern	gisteren
morgen	morgen
morgens	's morgens
nachmittags	's middags
abends	's avonds

Unterwegs

Haltestelle	bushalte/tramhalte
Fahrkarte	kaartje
Bahnhof	station
Flughafen	luchthaven
Tankstelle	benzinepomp
Eingang	ingang
Ausgang	uitgang
links / rechts	links / rechts
Stadtplan	plattegrond
Bank	bank
Telefonkarte	telefonkaart
Post	postkantoor

Im Hotel

Zimmer	kamer
Einzelzimmer	eenpersoonskamer
Doppelzimmer	tweepersoonskamer

Bad	badkamer
Dusche	douche
Schlüssel	sleutel
Handtuch	handdoek
Aufzug	lift
Gepäck	bagage
Pass, Ausweis	pas
Quittung	kwitantie
Empfang	receptie
wecken	wakker maken
abfahren	vertrekken
Parkplatz	parkeerplats

Im Restaurant

Frühstück	ontbijt
Mittagessen	lunch
Abendessen	dinner
Mahlzeit	maaltijd
Tisch	tafel
reservieren	reserveren
Messer	mes
Gabel	vork
Löffel	lepel
Teller	bord
Flasche	fles
Glas	glas
Tasse	kop
Speisekarte	kaart, menu
Vorspeise	voorgerecht
Hauptgericht	hoofdgerecht
Tagesgericht	dagschotel
Nachspeise	nagerecht
bezahlen	afrekenen
Getränk	drank

Zahlen

1	één	16	zestien
2	twee	17	zeventien
3	drie	18	achttien
4	vier	19	negentien
5	vijf	20	twintig
6	zes	21	éénentwintig
7	zeve	30	dertig
8	acht	40	veertig
9	nege	50	vijftig
10	tien	60	zestig
11	elf	70	zeventig
12	twaalf	80	tachtig
13	dertien	90	negentig
14	veertien	100	hondert
15	vijftien	1000	duizend

Wichtige Sätze

Entschuldigung,, könnten Sie mir helfen? Pardon/Sorry, kunt u me helpen?
Wieviel kostet das? Hoeveel kost dat?
Wie spät ist es? Hoe laat is het?
Wo finde ich …? Waar vind ik …?
Geht es hier nach …? Is dit de weg naar …?
Wie weit ist es nach …? Hoever is het naar …?
Ich brauche … Ik heb … nodig
Haben Sie ein freies Zimmer? Heeft u een kamer vrij?
Könnte ich das Zimmer sehen? Mag ik de kamer zien?
Sprechen Sie Deutsch/Englisch? Spreekt u Duits/Engels?
Können Sie langsamer sprechen? Kunt u wat langzamer praten?
Ich verstehe Sie nicht. Ik begrijp u niet.
Können Sie mir helfen? Kunt u me alstublieft helpen?
Wo ist die Toilette? Waar is de W.C.?

Auskunft

Niederländisches Büro für Tourismus (NBT)
für D, A und CH
Postfach 27 05 80, 50511 Köln
Hotline:
D: 018 05/34 33 22 (0,12 f/Min.),
A: 08 00/88 85 80 (gratis),
CH: 08 00/88 05 80 (gratis)
Fax 018 05/34 33 20 (0,12 f/Min.)
info@niederlande.de

Informationen vor Ort

Die **VVVs** (Verkehrsbüros) sind die zentrale Anlaufstelle für alle Fragen rund um die Inseln. Hier kann man gute Broschüren und Karten erwerben (z. T. gratis; viele auf Deutsch), Unterkünfte buchen (telefonisch, per Internet oder vor Ort) und sich für Exkursionen anmelden.

VVV Ameland: s. S. 89, 94
VVV Schiermonnikoog: s. S. 101
VVV Terschelling: s. S. 79
VVV Texel: s. S. 50
VVV Vlieland: s. S. 64

Urlaubermagazine

Für Ameland: »De nieuwe Amelander«, erscheint alle 1–2 Monate, Tipps & Adressen en masse, Gezeitentabelle etc.; nur auf Holländisch; 1,50 €.
Für Schiermonnikoog: »Lytje Pole«, erscheint 4x jährlich; viele Infos & Adressen, Dorf- und Fährplan, Gezeitentabelle etc.; nur auf Holländisch; gratis.
Für Terschelling: »De Sjouw«, Pfingsten–Weihnachten monatlich, im Sommer 2-wöchentlich; viele Tipps & Adressen, Dorf- und Fährplane, Gezeitentabelle, Veranstaltungskalender; nur auf Holländisch, 1 €.
Für Texel: »Texel Toerist«, erscheint 1x jährlich im April; gespickt voll mit Tipps & Informationen, mit Inselkarte und 7 Ortsplänen; Texte z. T. auf Deutsch; 2,60 €. »Vakantiekrant«, erscheint im Juli/Aug. wöchentlich freitags; mit Adressen und Wochenkalender; z. T. auf Deutsch; gratis.
Für Vlieland: »De Vlieronde«, erscheint 3-monatlich (nur auf Holländisch) bzw. 1x im Sommer (auf Deutsch); mit Adressen & Tipps, Veranstaltungskalender, Fährplan; gratis. Wöchentliches Infoblättchen im Sommer beim VVV; gratis.

Einreise

Deutsche, Schweizer und österreichische Reisende können sich mit einem gültigen Reisepass oder Personalausweis bis zu drei Monaten in den Niederlanden aufhalten.
Zollbestimmungen: Zollfrei bei der Ein- oder Ausfuhr innerhalb der EU-Staaten bleiben Waren für den persönlichen Bedarf, doch geht der Zoll bei Überschreiten bestimmter Mengen (800 Zigaretten, 90 l Wein, etc.) von gewerblicher Nutzung aus; dann ist die Ware zu versteuern. Für Angehörige von Nicht-EU-Ländern gelten folgende Beschränkungen: 200 Zigaretten, 2 l Wein oder 1 l Spirituosen. Devisen dürfen nur in einer Höhe von bis zu 10 000 € ein- oder ausgeführt werden.

Anreise

Mit Bahn und Bus

Die Fährhäfen Den Helder (Texel; über Amsterdam oder Utrecht) und Harlingen (Terschelling, Vlieland; über Groningen oder Leeuwarden) sind ans Eisenbahnnetz angeschlossen; in Harlingen fahren die Züge tagsüber sogar bis zum Hafen. Sowohl in Harlingen als auch in Den Helder sichern Anschlussbusse die reibungslose Verbindung von und zum Schiff. Ebenso wie vom Groninger oder Leeuwardener Bahnhof nach Holwerd (Ameland) und Lauwersoog (Schiermonnikoog) und zurück.

Achtung: Wenn Sie die letzte Fähre des Tages erwischen wollen, sollten Sie zuvor genügend Spielraum einplanen. Es kann immer zu Verspätungen kommen, das Umsteigen erfordert Zeit, und die Fähren legen normalerweise pünktlich ab.

BahnCard- oder NetzCard-Inhaber sollten überlegen, ob sich für sie der Kauf einer RAILPLUS-Karte für 15 . rentiert. Im grenzüberschreitenden Verkehr zu den Niederlanden (wichtig: nicht im reinen Binnenverkehr!) spart man mit dieser Zusatzkarte 25 % des normalen Fahrpreises.

Infos über Reisen mit Bus und Bahn in den Niederlanden: Tel. 018 05/ 99 66 33 (0,12 €/Min.) oder www.bahn.de.

Mit dem Auto

Das holländische Autobahnnetz ist sehr dicht und gut ausgebaut. Je nach Ausgangspunkt empfehlen sich die Achsen Oldenburg–Groningen (A7)–Leeuwarden (A31) bzw. Abschlussdeich (A7) und Landstraße bis Den Helder; Arnhem–Apeldoorn–Zwolle–Groningen (A28) oder Leeuwarden (A32) bzw. Abschlussdeich (A7) und Landstraße bis Den Helder; Utrecht–Lelystad–Leeuwarden (A6/A32) bzw. Abschlussdeich (A7) und Landstraße bis Den Helder; Den Haag/Utrecht–Amsterdam–Den Oever (A7) –Landstraße nach Den Helder bzw. Abschlussdeich (A7)–Leeuwarden. Eine schöne Strecke fährt, wer Richtung Texel bei Alkmaar (A9) die Autobahn verlässt und die Straße (Nr. 9) parallel zum Noordhollands Kanaal nimmt. Allerdings braucht man für diese Route Zeit.

Verkehrsregeln: Höchstgeschwindigkeiten sind 50 km/h in Ortschaften, 80 km/h auf Landstraßen, 100 km/h auf Autostraßen und 120/km auf Autobahnen.

Tanken: Kraftstoff wird in Holland als *gasolie* (Diesel), *euro* (bleifreies Super, 95 Oktan) und als *superplus* (98 Oktan) angeboten. Preise: ca. 10 % höher als in Deutschland (Diesel ist billiger).

Mit der Fähre

Jedem Inselbesuch geht eine mehr oder minder lange Schifffahrt voraus. Denn: Die Inseln sind nur mit der Fähre zu erreichen bzw. Vlieland und Terschelling zusätzlich mit dem (teureren) Schnellboot. Spätestens eine halbe Stunde vor Abfahrt sollte man am Anleger sein, insbesondere Autofahrer.

Die beiden kleineren Inseln sind autofrei, d. h. man muss den Wagen am Kai stehen lassen. Wer seinen Wagen mit nach Ameland oder Terschelling nehmen möchte, muss – insbesondere für den Sommerurlaub – monatelang im Voraus reservieren. Allein für die Fähre nach Texel ist keine Reservierung notwendig und möglich. Im Sommer werden auf einigen Routen bei Bedarf Zusatzfähren eingesetzt.

In allen Häfen ist es möglich, sein Auto auch für einen längeren Zeitraum zu parken. Nahezu alle Parkplätze und Parkhäuser sind jedoch gebührenpflichtig – und hier wird in der Regel ordentlich zugelangt: bis zu 6 €/Tag! Am besten vorab informieren, damit man keine böse Überraschung erlebt. Infos bei den jeweiligen VVVs oder den entsprechenden Reedereien (Adressen im Kapitel Inseln von West nach Ost, S. 40ff.).

Vorsicht in Harlingen: Die Fähren nach Vlieland und Terschelling gehen vom selben Anleger ab.

Geld

Landeswährung ist der Euro. 1 € = 1,45 SFr bzw. 1 SFr = 0,68 €.

Es gibt auf allen Inseln Geldautomaten, an denen mit Kredit- und Maestro-Karte (plus Geheimnummer) Bargeld abgehoben werden kann. Kreditkarten werden auch in vielen Hotels und Restaurants akzeptiert; in etlichen Läden kann man mit der Maestro-Karte bezahlen.

Kurtaxe

Alle Inselgemeinden erheben Kurtaxe, allerdings ist sie fast immer im Preis für die Unterkunft und auf Terschelling im Fährpreis enthalten.

Kurtaxe / Nacht
Ameland 0,60 €
Schiermonnikoog 1,05 €
Texel 0,70 €
Vlieland 1 €

Kurtaxe / 1x
Terschelling 3,70 €

Sicherheit

Natürlich sollte man auch auf den Inseln nicht allzu leichtsinnig sein und z. B. Wertsachen nicht offen herumliegen lassen; besondere Vorsicht wie z. B. in einigen südlichen Ländern ist hier allerdings nicht geboten.

Ein sicheres Indiz dafür, dass die Watteninseln recht ›ungefährlich‹ sind, ist das viele Bewohner nach wie vor ihre Türen bei Verlassen des Hauses nicht verschließen …

Notfall

Feuerwehr, Polizei, Ambulanz: 112
Pannenhilfe: 08 00/08 88 (Wegenwacht)

Diplomatische Vertretungen

Generalkonsulat der Bundesrepublik Deutschland
Honthorststraat 36–38, Amsterdam
Tel. 020/574 77 00

Schweizerisches Generalkonsulat
Johannes Vermeerstraat 16, Amsterdam
Tel. 020/664 42 31

Österreichisches Honorargeneralkonsulat
Koningslaan 54, Amsterdam
Tel. 020/471 24 39

Telefonieren

Auslandsvorwahlen: nach D 00 49, nach A 00 43, in die CH 00 41.
Vorwahl in die NL: 00 31 + Ortsvorwahl ohne 0 + Rufnummer.

Telefonzellen sind fast ausschließlich mit Kartentelefonen bestückt.

Öffnungszeiten

Die Öffnungszeiten von Banken, Apotheken und Postfilialen, Supermärkten und Läden variieren je nach Insel und Saison stark, manche sind nur wenige Stunden am Tag bzw. nur einige Tage in der Woche geöffnet. Bitte vor Ort informieren (die aktuellen Öffnungszeiten der kleineren Inseln hängen am VVV-Gebäude aus).

Kernzeiten der Läden/ Supermärkte im Sommer:
9/10–12, 14.30–17/18 Uhr

Auf Texel klingelt in Den Burg die Kasse am Freitag bis 21 Uhr, in De Koog sind viele Geschäfte im Sommer bis 21 Uhr und auch am Sonntag (9.30 bis 13 Uhr) geöffnet. Auf Terschelling haben viele Supermärkte von Mitte Juni bis Ende August Mo–Fr 8-20 Uhr, auf Ameland gelegentlich freitags länger geöffnet.

Gesundheit

EU-Bürger sollten den Auslandskrankenschein (Formular E 111; stellt die jeweilige Krankenkasse aus) mit sich führen, der die spätere Übernahme der Kosten durch die eigene Versicherung erleichtert.

Ärzte und Apotheken bzw. Hausärzte mit eigener Apotheke gibt es auf allen Inseln, allerdings keine Krankenhäuser. Im Notfall werden Kranke per Schiff oder Hubschrauber aufs Festland gebracht.

Über diensthabende Ärzte bzw. Apotheken informieren die jeweiligen Zeitungen.

Behinderte

Informationen zu behindertengerechten Einrichtungen gibt es bei den VVVs, die z. T. spezielle Broschüren für Behinderte herausgeben. Falls notwendig, kann eine Betreuung über einen Pflegedienst organisiert werden.

Strandrollstühle, mit denen man auch ins Wasser fahren kann, können ausgeliehen werden (Infos: VVVs, s. Inseln).

Unterwegs auf den Inseln

Mit dem Bus/Taxi

Von den Häfen bestehen gute Busverbindungen zu den Inseldörfern; in der Regel mit direktem Anschluss an die Fährzeiten (s. Inseln von West nach Ost, S. 40ff.; Tel. 09 00/92 92, 0,50 €/Min.). Außerdem stehen bei Ankunft der Fähren **Taxis/Sammeltaxis** und **Hotelbusse** bereit.

Auch unabhängig vom Fährbetrieb sind die Busverbindungen gut; auf einigen Inseln werden **Nachtbusse** eingesetzt (Fahrpläne sind zumeist in den Touristenmagazinen abgedruckt, s. S. 34, bzw. beim VVV erhältlich; s. auch Inseln von West nach Ost, S. 40ff.).

Inseln von W

An den schönsten Stränden ins blaue Nass eintauchen, durch ein lila Meer von Strandflieder wandern, auf dem ›fiets‹ dem Auf und Ab der Dünen folgen, in der untergehenden Sonne durch sacht anrollende Wellen reiten, mit dem Fernglas Zugvögel ins Visier nehmen, auf dem Kutter Garnelen pulen, Fallschirmspringen, Surfen oder Katamaransegeln, die regionalen Spezialitäten von Dünen-

est nach Ost

kaninchen bis Lammeintopf genießen – dieser Insel-Führer gibt Ihnen nützliche Tipps und ausgesuchte Adressen an die Hand, damit Ihr Aufenthalt zum Erlebnis wird! Und dem, der in diesen Naturparadiesen Besonderes sehen möchte, dem seien die fünf Touren ab S. 108 empfohlen. Die Watteninseln in kompakter, überschaubarer Form, für alle, die viel sehen und nichts verpassen wollen.

Texel

»Tessel« – wie die Holländer es aussprechen – ist die älteste, mit Abstand die größte (25 km lang, max. 8 km breit), die am schnellsten zu erreichende und am meisten besuchte Watteninsel. Die Palette an Aktivitäten scheint hier sommers wie winters grenzenlos. Und dem Trubel ausweichen kann, wer etwas abgelegen wohnt, De Koog und Den Burg links liegen lässt, die kleineren Orte vorzieht und mit Rad (135 km langes Radwegenetz) und Wanderschuhen die Naturschutzgebiete besucht.

Texels Naturparadiese machen mit 68 km² mehr als die Hälfte seiner Gesamtfläche aus. An der Westseite ziehen sich von Nord nach Süd z. T. mehrere hundert Meter breite Dünenketten hin: Bollwerke, die vor den unermüdlich gegen die Küste anrennenden Nordseewellen schützen sollen. Im Westen liegen Feuchtgebiete, kleine Seen und Heideflächen, ein ausgedehntes Waldgebiet grenzt an. Im Osten Texels hängt das Vogelschutzgebiet De Schorren, eine Salzwiese mit einzigartiger Vegetation, als kleines Anhängsel an der Insel. Weitere Vogelschutzgebiete schließen sich südlich und westlich an. Texels Landschaft ist vielfältig, und die Insel trägt nicht umsonst den Titel ›Niederlande im Kleinen‹, da hier alle Landschaftsformen des Landes vertreten sind.

Dem Neuankömmling präsentiert sich die Insel erst einmal ländlich – nichts zu sehen von Urlauberhochburgen und Teeniehorden. Die Fahrt zu einem der sieben Dörfer führt vorbei an Wiesen, Maisfeldern und Äckern, die von Frühjahr bis Frühsommer in Gelb, Lila, Rot und Weiß zu explodieren scheinen. Auf sattem Grün tummelt sich Texels größte Bevölkerungsgruppe: die Schafe. Auch auf den Deichen trifft man auf große und kleine Wollknäuel – 16 000 Schafe, zu denen sich im Frühjahr 20 000 Lämmer gesellen. Einwohner zählt die Insel ›nur‹ knapp 14 000. Texel, das gut vom Tourismus lebt, hat stets an traditionellen Wirtschaftszweigen wie Ackerbau, Fischerei und Blumenzwiebelzucht festgehalten.

Schon früh verdienten die Einheimischen ihr Geld mit dem Meer. Seit dem 15. Jh. liefen Schiffe die Reede von Texel an. Lotsen- und Proviantwesen blühten. Wal- und Austernfang bescherten den Fischern im 19. Jh. ein gutes Auskommen.

De Cocksdorp / Eierland (E/F 10/11)

Eine wunderschöne Allee, die Molenlaan, führt ins jüngste Inseldorf, das 1835 an einem alten Seearm entstand. Das unspektakuläre De Cocksdorp (1250 Einw.) ist heute ein beliebter, aber beschaulicher Urlaubsort. Allein an der Kikkertstraat geht es quirliger zu: Hier reihen sich Geschäfte und Restaurants aneinander.

Reizvoll ist die Umgebung mit mehreren Naturschutzgebieten, dem Krim-Wald, dem breiten Strand, dem Leuchtturm und guten Angelmöglichkeiten. Der Eierlandse Polder südlich von De Cocksdorp entstand, nachdem ein pfiffiger Belgier, De Cock eben, 1835 einen 11 km langen Deich zwischen Texel und dem vorgelagerten Inselchen Eierland errichten und das Deichvorland einpoldern ließ. Das Polderland mit seinen breiten Kanälen ist bevorzugtes Rastgebiet für durchziehende Enten.

Hinter dem De Cocksdorper Leuchtturm nagt die See an der Insel

Sehenswert

Vuurtoren: Einst stand der 1841 errichtete, inzwischen wieder rote Leuchtturm (nicht zu besichtigen) 3 km vom Meer entfernt. Heute kippt er fast in die Nordsee, die hier im Norden besonders arg an der Küste nagt. Ein 800 m weit ins Meer hinaus gebauter Steindamm soll verhindern, dass noch mehr Dünen und Strand verschluckt werden – mit Erfolg. Heute ist hier eine riesige Sandplatte entstanden.

Luchtvaartmuseum: Postweg 120, Tel. 02 22/31 16 89, www.luchtvaart museumtexel.nl, Osterferien–Herbstferien Di–So 11–17 Uhr.
Kleines Museum zur Geschichte der texelschen Luftfahrt, direkt am Flughafen.

Sport & Strände

Strand: sehr breit, feinsandig, kinderfreundlich; bei Paal 28 bewacht (Juni–Anfang Sept.; ganzjährig mit Pavillon); FKK-Strand 1 km südl. Baden zwischen Paal 31 und 33 lebensgefährlich!

Radverleih: Van der Linde, Kikkertstraat 3, Van Tongelen, Krimweg 10, und Garage Dros, Oorsprongweg 3.

Ruitersportcentrum De Krim: Roggeslootweg 6, Tel. 02 22/ 31 65 09, 02 22/31 66 03.
Pferde- und Ponyverleih, Kurse.

Golfbaan De Texelse: Roggeslootweg 3, Tel. 31 65 39.
9-Loch-Bahn, Golfschule.

Windsurfen: Es darf nicht zwischen Paal 31 und 33 und am bewachten Strand gesurft werden.

Zeilschool De Eilander: bei Paal 33, Tel. 06/27 38 68 41, 02 22/ 31 65 00, www.deeilander.com.
Katamaran-Segelschule.

Paracentrum Texel: am Flughafen, Postweg 128, Eierland, Tel. 02 22/31 14 64.
Kurse, auch Tandemsprünge.

Museumskarte

Mit der Combikaart (erhältlich bei VVV und den Museen) kann man preisgünstig folgende Museen besuchen: Agrarisch en Wagenmuseum, EcoMare, Luchtvaartmuseum, Maritiem en Jutters Museum, Oudheidkamer. Erw. 12 €, Kinder 6 €.

Tennis: Vakantiecentrum De Krim, Roggeslootweg 6, Tel. 02 22/39 01 15. 3 Plätze im Freien, 1 Hallenplatz.
Wattwanderungen: Wadloopcentrum Kurk, Tel. 02 22/31 64 51.
Slufter-Planwagenfahrt: s. Tour 1, S. 108f.
Tagesausflug nach Vlieland (Mai bis Sept.)/Watten-/Robbenfahrten mit der Vriendschap (s. S. 113), am Anlegesteg bei Paal 33, Tel. 02 22/31 64 51, www.waddenveer.nl.
Unterwegs mit Strandräuber Maarten Boon: mit dem Pferdewagen oder zu Fuß zwischen Slufter und Leuchtturm, Vuurtorenweg 92, Tel. 02 22/31 62 25, 02 22/39 01 11.
In einer Scheune Boons ist eine Strandgutsammlung zu sehen.
Rundflüge: tgl. 10–18 Uhr vom Flughafen Texel, Postweg, Eierland, Tel. 02 22/31 14 64.

Ziele in der Umgebung

Aussichtspunkt am Denkmal Ecke Lancasterdijk und Stengweg: Blick auf Wattenmeer und Ringelgänsekolonie Zeeburg.
De Schorren: südöstl. vom Dorf, vom Deich zu sehen, nicht zugänglich, Führungen (Mai–Sept.) Tel.02 22/31 77 41.
Salzwiese außerhalb des Deiches; geschützter Brut- und Rastplatz.
Mohai-Standbild: vor Galerie De Scholerie, Postweg 72, Eierland. Mohai-Skulpturen gehören auf die Osterinseln – und die entdeckte ein von der hiesigen Reede gestartetes Schiff 1722. Grund genug für den Galeristen, einen Bildhauer von dort mit der Skulptur zu beauftragen.

Highlight 1

De Slufter: s. Tour 1, S. 108f.
Außergewöhnliche Salzwiesenlandschaft an der Nordsee. Am schönsten ist es hier im Sommer, wenn die Salzflora das Gebiet mit einem lila- und rosafarbenen Teppich überzieht.

Ausgehen

Het Eierlandsche Huis: Klimpstraat 33, Tel. 02 22/31 65 07. Juli/Aug. Bingo- und Discoabende. Café, Bar, Internetcafé, Billard und Darts.

Hotel-Pension 't Anker: Kikkertstraat 24, Tel. 02 22/31 62 74, DZ ab 83 €.
Nettes, kleines Haus (8 Zimmer mit Dusche, WC) im Herzen des Dorfes mit sehr freundlichem Service. Zimmer nach hinten verlangen.
Hotel Orangerie Molenbos: Postweg 224–226, Tel. 02 22/31 64 76, Fax 02 22/31 63 77, www.molenbos.nl, DZ ab 91 €.
Nahe beim Dorf, ruhig und wunderschön am Roggesloot gelegenes modernes Haus mit komfortablen Zimmern. Absolutes Plus: alle Zimmer mit Balkon oder Terrasse. Gutes **Restaurant** mit kreativer Küche.
Camping
De Krim: Roggeslootweg 6, Tel. 02 22/39 01 11, Fax 02 22/39 01 21, www.krim.nl, ganzjährig.

2,5 km vom Meer entfernter Luxuscampingplatz mit geschützten Standplätzen und sehr guten sanitären Einrichtungen; ideal für Kinder. Mit Hallen- und Freibad, vielen Sportmöglichkeiten, Laden, Restaurant.

Herberg De Aanleg: Kikkertstraat 1, Tel. 02 22/31 62 07, www.herbergdeaanleg.nl, Do–Di 11–20, Küche bis 19.30 Uhr. Vegetarisches Restaurant, in dem frische Inselprodukte verwendet werden. Modern und gemütlich eingerichtet; mit Terrasse. Guter Vollwert-Apfelkuchen; tgl. wechselndes 3-Gänge-Menü. Menü 17 €, Kindermenü 7,50 €.

Café-Restaurant Topido: Kikkertstraat 21–23, Tel. 02 22/31 62 27, www.topido.nl, *lamsstoofpotje* für 2 Pers. 34,50 €, Fischgerichte 13–23 €, Fleischgerichte 12,50–18,50 €. In diesem hellen, freundlichen Restaurant mit Terrasse kocht noch die Chefin: am liebsten Lamm (Tipp: *lamsstoofpotje)* und Aal; Spezialität Durper Paling: Der Aal wurde im hiesigen Roggesloot gefangen und nach einem alten Geheimrezept zubereitet.

Buslinien 29 und 230 vom Fährhafen.

De Koog (D 11/12)

Das in der Mitte der Insel gelegene und nur durch zwei Dünenreihen vom Nordseestrand getrennte Dorf (1200 Einw.) ist unumstritten das Zentrum des texelschen Tourismus. Das Kapital De Koogs ist zweifelsohne die wunderschöne Umgebung – es liegt eingebettet in Wald, Dünen und Strand. Seine verkehrsberuhigte Meile, die Dorpsstraat, bietet alles, was das Urlauberherz begehrt: Sie ist das Herz des Amüsierbetriebs De Koog und nachts besonders beim jüngeren Publikum gefragt. Im Sommer ist der Ort laut, bunt, quirlig, unterhaltsam, manchmal nervig, aber nie langweilig. Im Winter hingegen wirkt er verlassen. Heute weisen nur noch die hübsche kleine Kirche mit dem weißen hölzernen Turm (1719) und das benachbarte Häuschen darauf hin, dass De Koog nicht erst für den Tourismus aus dem Boden gestampft wurde, sondern bereits Jahrhunderte zuvor ein florierendes Fischerdorf war.

Highlight 2

EcoMare (Centrum voor wadden en noordzee):
Ruyslaan 92, Seitenweg 13, Tel. 02 22/31 77 41, www.ecomare.nl, tgl. 9–17 Uhr; 3 Rundwege (1–3,5 km) durch den 70-ha-Dünenpark; Veranstalter zahlreicher Exkursionen; SB-Restaurant. Sehr schön auch für Kinder!
Die sehr anschauliche und spannende Ausstellung informiert über Entstehung und Entwicklung von Insel, Wattenmeer und Nordsee, Flora und Fauna und das Leben und Arbeiten der Insulaner durch die Jahrhunderte. Ein echter Clou ist der Wassersaal mit Fischbassins, Streichelbecken und Infos rund ums Wasser. EcoMare ist u. a. Vogelauffangstation: Hier werden verletzte und ölverschmierte Vögel versorgt. Die unumstrittenen Stars EcoMares allerdings sind die Seehunde. Highlights des Besuches sind die Fütterungen um 11 und um 15 Uhr. Wer EcoMare heute sieht, mag es kaum glauben: Die erste Seehundauffangstation der Niederlande nahm ihren Anfang 1952 in einer Baracke. Neben kranken und geschwäch-

Ein Holzschuhbauer zeigt sein Können

ten Tieren werden hier auch Heuler aufgepäppelt, die ihre Mutter verloren haben. Täglich werden Unmengen an Fisch herangekarrt, wovon jedes Tier 3–5 kg vertilgt. Für einige ältere Tiere ist die Station eine zweite Heimat: Der Bestand hat sich auf ca. 20 Seehunde eingependelt. Dass sie sich sehr wohl fühlen, ist unschwer an der konstanten Zahl von jährlich zehn bis zwölf hier geborenen Seehundbabys zu erkennen. Ende Juni/Anfang Juli kommen die Seehunddamen nieder und versorgen ihre Jungen mit Muttermilch so fett wie Schlagsahne. Übrigens: Die gemütlichen Gesellen können gut und gerne ein halbstündiges Nickerchen unter Wasser machen und gleiten mit bis zu 30 km/h elegant dahin. Heute leben im holländischen Wattenmeer ca. 1200 Seehunde. Bei besserer Wasserqualität und mehr Ruhe könnten es mehr als zehnmal so viele Tiere sein.

Sehenswert

Schipbreuk en Juttersmuseum Flora: Pontweg 141, Tel. 02 22/ 32 12 30, www.juttersflora.nl, Mo–Sa 10–17 Uhr.
Bunte Strandgutsammlung aus 60 Jahren. Seemannsgarn gibt's gratis dazu. Außerdem Ausstellung alter Handwerkszeuge und Traktoren.

Sport & Strände

Strand: sehr breit, feinsandig, kinderfreundlich; bei Paal 17, 19, 20 und 21 bewacht (Juni–Anfang Sept. 9–18 Uhr; Pavillons).

Zwemparadijs Euroase Calluna: Schumakersweg 3, Seitenweg 16, Tel. 02 22/31 78 88, www.zwemparadijscalluna.nl, in den Ferien Mo–Sa 10–18, So 10–17 Uhr, Öffnungszeiten außerhalb der Saison tel. erfragen.
Wellenbad, Whirlpools, Sauna, türkisches Dampfbad, Solarium, Bar; 85 m lange Wasserrutsche.

Radverleih: u. a. Bruining, Nikadel 60, Fiets-Inn Texel, Nikadel 75, Bruining, Brink 6.
Reiten: Nieuw Bornrif, Mienterglop 25, Tel. 02 22/31 72 89, Manege Kikkert, Bosrandweg, Seitenweg 16, Tel. 02 22/31 75 16, Manege Elzenhof, Bosrandweg, Seitenweg 16, Tel. 02 22/31 74 69, 02 22/31 59 23. Reitstunden auf Pony und Pferd, Ponywagenverleih, (Strand-)Ausritte.
Indoorkarting De Koog: 't Stappeland 2, Tel. 02 22/32 70 00. Überdachte **Go-Kart-Bahn** (330 m; tgl. 11–23 Uhr), 2 Squashplätze.
Tennis: Tennispark De Koog, Schumakersweg 3, Seitenweg 16, Tel. 02 22/ 31 78 88, reservieren an der Rezeption vom Zwembad Calluna (s. S. 44).
Surfen: außerhalb der bewachten Strandabschnitte erlaubt, auch durch Schilder kenntlich gemacht.
Segeln: bei Paal 15 und 17 erlaubt.
Katamaransegelschule Westerslag: am Strand bei Paal 15, Tel. 02 22/31 48 47, 02 22/31 20 13, 02 22/31 50 04, Mitte Mai–Mitte Sept. Kurse, Verleih.
Zeekanoecentrum Texel: Schumakersweg 3 a, Tel. 02 22/31 66 99, www.actiefoptexel.nl.
Ein- und mehrtägige Kurse.
Exkursionen von Staatsbosbeheer: 2-stdg. Exkursionen in verschiedenen Naturgebieten, Buchung bei EcoMare (s. S. 43).
Planwagenfahrt mit der Jan Plezier: durch Dünen und Wald oder den Slufter (ca. 3 Std., mit Kaffeepause), im Sommer Mo 14, Di–Sa 10/14 Uhr, sonst n. V., Bushaltestelle/Nikadel, reservieren unter Tel. 02 22/31 28 25.

Ausgehen

Auch das Nachtleben De Koogs boomt hauptsächlich in der **Dorpsstraat.** Eine kleine Auswahl: Am Anfang der Amüsiermeile liegt die **Disco De Metro** (Nr. 5), ein paar Schritte weiter die **Discotheek Amber** (Nr. 22) mit Grand Café, etwas weiter runter die **Tapasbar Talk of the Town** (Nr. 74, ab 22 Uhr Livemusik) und noch ein Stück weiter das **Restaurant-Dancing SamSam** (Nr. 146) mit Musik und Lightshow.

Einkaufen

Braderie: Krimskramsmarkt (Juli/Aug. Di 14–20 Uhr) mit Musik, Artisten und Kinderspaß.

Alpha Hotel: Boodtlaan 84, Tel. 02 22/31 76 77, Fax 02 22/31 72 75, www.texel.to, DZ 70 €.
Kleine Herberge mit einfachen Zimmern (Bad, WC) und guten Betten, schön und ruhig am Waldrand in Fußnähe zum Ortskern gelegen (700 m vom Strand).
Hotel De Pelikaan: Pelikaanweg 18, Tel. 02 22/31 72 02, Fax 02 22/31 76 87, www.depelikaan.nl, DZ ab 72 €, 2–4-Pers.-Apartments pro Woche 240–540 €, pro Tag 43–78 €.
Etwas gesichtsloser größerer Hotel-/ Apartmentkomplex 2 km vorm Ort schön am Waldrand gelegen; mit großem Sport- und Freizeitangebot, **Restaurant** und Pub.
Hotel Tatenhove: Bosrandweg 202, Tel. 02 22/31 72 74, Fax 02 22/31 75 33, www.hoteltatenhove.nl, DZ ab 80 €.
Sehr schön ländlich-ruhig gelegenes familiäres Hotel mit weitem Blick und großem Garten nahe Reitställen und Schwimmbad; Aufenthaltsraum mit offenem Kamin; gute Küche (HP zuzgl. 16,50 €); 31 gut ausgestattete Zimmer (Bad, Dusche, WC), fast alle Zimmer mit Balkon oder Terrasse.

Grand Hotel Opduin:
Ruyslaan 22, Tel. 02 22/31 74 45,
Fax 02 22/31 77 77, www.opduin.nl,
DZ 82–117 €.
Das einzige 4-Sterne-Hotel der Insel liegt traumhaft am Ortsrand in unmittelbarer Waldnähe direkt in den Dünen; Blick auf Strand und Meer; mit sehr geräumigen Zimmern (z. T. mit Balkon), jeder Menge Komfort, einem großem Sport- und Freizeitangebot und einem erstklassigen **Restaurant** (texelsche und internationale Spezialitäten, gehobene Preise); schöne Familiensuiten.
Strandhotel Noordzee:
Badweg 200, Tel. 02 22/31 73 65,
Fax 02 22/31 75 77,
www.noordzee.nu, DZ 116 €.
Strandhotel in Superlage auf der äußersten Dünenreihe; 10 geräumige Doppelzimmer z. T. mit Meerblick, maritim eingerichtetes Wintergarten-**Restaurant** und Terrasse.
Hotel Greenside: Stappeland 6,
Tel. 02 22/32 72 22, www.hotel greenside.com, DZ 120–150 €.
Freundlicher, moderner Komplex mit 49 großen Doppelzimmern (36–45m²; Balkon oder Terrasse; Bad, Dusche, WC) am Ortsrand (200 m bis ins Zentrum), 800 m bis zum Strand; **Restaurant,** Grand Café; türkisches Dampfbad, Sauna, Solarium und Hydro-Jet sorgen fürs Wohlbefinden.
Camping
Kogerstrand: Badweg 33,
Tel. 02 22/31 72 08,
Fax 02 22/31 70 18, www.rsttexel.nl,
April–Ende Okt.
Größter und ausgesprochen schöner Platz, idyllisch, ruhig und windgeschützt im Dünengürtel zwischen Ort und Strand gelegen; gut ausgestatteter Platz für Familien, Jugendliche und Gruppen.
Om de Noord: Boodtlaan 80,
Tel. 02 22/31 72 08, ,
Fax 02 22/31 70 18, www.rsttexel.nl,
April–Ende Okt.
Windgeschützter Rasenplatz in Strand- und Dorfnähe (500 m), besonders für Familien und Körperbehinderte geeignet; üblicher Standard.

Dem Touristenansturm entsprechend verfügt De Koog über gut zwei Dutzend Restaurants. Die meisten sind an der **Dorpsstraat** und am **Badweg** zu finden.
Viscentrum van Beek:
Dorpsstraat 109, Tel. 02 22/31 73 30,
Fischmenü ab 9 €.
Neben Frischfisch aller Art wird auch geräucherter und gebackener Fisch angeboten.
Vogelhuis Oranjerie: Dorpsstraat 204–206, Tel. 02 22/31 72 79,
Hauptgerichte ab 13 €,
Pfannkuchen 5,50–8 €.
Breites Angebot von Pfannkuchen bis Spareribs; mit Spielplatz, Terrasse, nettem Wintergarten; kinderfreundlich.
Het Binnenhof: Dorpsstraat 147–149, Tel. 02 22/32 75 07,
geöffnet ab 12 Uhr, Di geschl., Fisch- und Fleischgerichte 16–25 €,
3-Gänge-Menü mit Lammfleisch-spezialitäten und zum Nachtisch z. B. Juttersparfait 35 €, 2–3-Gänge-Menü Het Binnenhof 24,50–28,50 €.
Gemütlich-gediegen mit offenem Kamin und viel Holz; schöne Sonnenterrasse; Frühstücks- und Lunchbuffet. Viele der inseleigenen Produkte kommen hier auf den Teller. Üppige Fisch- und Fleischgerichte 20–30, Menü ab 35 €.
Hotel Opduin: s. o.

Buslinien 26, 27, 28, 230 vom Fährhafen.

Texel Ticket

Einen Tag für 3,90 € auf der Insel unterwegs sein! Gültig Ende April–Okt. für alle Linienbusse; u. a. beim VVV oder TESO-Schalter an der Fähre zu bekommen.

Ziele in der Umgebung

De Muy/De Nederlanden/ De Dennen: s. Tour 1, S. 108f.

Sommeltjespad: Ausgangspunkt am Californiëweg, Seitenweg 14.
Ein besonderer Spaß für Kinder ist der 1,5 km lange Waldweg mit kleinen Figuren: Schmetterlinge, Pilze, Igel, Kaninchen und *sommeltjes* (texelsche Kobolde; s. u.).

Themengärten: Westlich von De Koog am Oude Dijkje sind sieben schöne, abwechslungsreiche Gärten zu verschiedenen Themen angelegt. Im englischen Garten sind Rosen in allen Farben zu sehen, im hauptsächlich naturbelassenen *heemtuin* wachsen Wasserpflanzen am Weiher, Libellen, Frösche und Salamander sind dort zu Hause. Zum ca. 1 ha großen Gebiet gehören ebenso ein Wäldchen wie auch ein Gemüsegarten oder ein kleiner Weinberg, ein Bienenvolk ist emsig bei der Arbeit, der Weg führt immer wieder an Kunstwerken und Statuen vorbei. Eintrittskarten auch bei der Galerie Het Posthuys, Brink 16, De Koog.

Alloo: Ausgangspunkt z. B. bei EcoMare, Ruyslaan 92; auch für Rollstuhlfahrer, Sehbehinderte und Blinde geeignet.
Der 4,5 km (auch auf 2,7 km verkürzbar) lange Naturlehrpfad führt durch Wald, Dünen und das Gebiet des ehemals großen Dünensees Alloo, der heute zu einem kleinen Weiher geschrumpft ist. Es geht vorbei an Vogelbrutgebieten, dem Standbild des Naturforschers und Vorreiters des niederländischen Naturschutzes, Jac. P. Thijsse, und an einem Schmetterlingsgarten, dessen Pflanzen die Falter besonders anziehen.

De Waal (E 12)

Das kleinste Dorf der Insel (400 Einw.) ist nach wie vor agrarisch geprägt; schöne Bauernhäuser säumen idyllische Straßen. De Waal schaut weit aus dem Umland heraus, da es einst (11./12. Jh.) wie Den Burg, Oosterend und Den Hoorn zum Schutz vor dem Meer auf einem Erdhügel erbaut wurde (am besten vom Bomendiek aus zu sehen). Es liegt idyllisch und ruhig.

Sehenswert

Sommeltjes-Standbild: Vor der Kirche mit dem netten Kirchplatz stehen die *sommeltjes* (s. o.), Mainzelmännchen vergleichbare kleine Wesen.

Agrarisch en Wagen Museum: Hogereind 6, Tel. 02 22/31 29 51, www.wagenmuseum.nl, 14 Tage vor Ostern–Herbstferien Mo 13.30–17, Di–Fr 10–17, Sa 10–16, So 14–16 Uhr, Weihnachtsferien Mo–Fr 10–16, So 14–16 Uhr, Di, Mi, Do nachmittags Vorführungen in der alten Schmiede.
Der Anziehungspunkt für Touristen im Ort ist das liebevoll eingerichtete Museum, das neben landwirtschaftlichem Gerät und Werkzeug vor allem alte Fuhrwerke zeigt. Das Museum bietet auch 2-stdg. Planwagenfahrten durch das Alte Land (s. Tour 2, S. 110f.) an.

Ziele in der Umgebung

Polder Waal en Burg: nordöstl. von De Waal, über Polderweg und De Staart zu erreichen.
Vogelreichstes Gebiet der Insel; für Limikolen wichtiges Futtergebiet.

Hotel-Brasserie Rebecca: Hogereind 39, Tel. 02 22/31 27 45, Fax 02 22/31 58 47, www.hotel-rebecca-texel.nl, DZ 74–100 €.
Hübsches, eher rustikal-gemütlich eingerichtetes typisches Inselhaus mit 18 Zimmern (alle mit Dusche/Bad, WC); gute Küche. Große Terrasse, Garten; Radverleih.

Buslinien Nr. 29 und 229 vom Fährhafen.

Den Burg (D/E 12)

An sonnigen Tagen versprüht die sonst recht verschlafene Kleinstadt ein beinahe südländisches Flair. Trubel und Stimmengewirr auf allen Plätzen und in den ringförmig angelegten Gassen der verkehrsberuhigten Innenstadt. Touristenströme flanieren an Läden und Kneipen vorbei. Vor Cafés und Restaurants laden Tische und Stühle zu einer kleinen Verschnaufpause. Den Burg (6900 Einw.), zentral im Inselinneren gelegen, ist der größte Ort, Verwaltungs- und Einkaufszentrum Texels.

Seine zentrale Stellung hat Den Burg, errichtet auf eiszeitlichen Lehmhügeln, erst nach dem Verfall des noch zu Beginn des 14. Jh. bedeutendsten Inseldorfes De Westen erhalten. Schnell entwickelte es sich zu einer lebhaften Kleinstadt. Im Zweiten Weltkrieg wurde dem Ort übel mitgespielt: Ganze Häuserzeilen wurden zerbombt. Beim Wiederaufbau hatte man nicht immer ein glückliches Händchen. Aber noch immer gibt es im Stadtkern eine Reihe liebevoll ausstaffierter Häuser mit schönen Giebeln, die schon ein paar Jahrhunderte auf dem Buckel haben. Die Lage im Inselinneren hat dem Ort gut getan, nur die wenigsten Urlauber nehmen hier Quartier.

Sehenswert

Hervormde Kerk: Binnenburg; Turmbesteigung Mo 8–12, Mi (Folkloretage) 10–16 Uhr.
Stattlicher roter Backsteinbau im Herzen Den Burgs (15. Jh.), der den historischen Stadtkern dominiert.

Oudheidkamer: Kogerstraat 1, Tel. 02 22/31 31 35, April–Okt. Mo–Fr 11–17, Weihnachtsferien Mo–Fr 13–16.30 Uhr.
In einem der ältesten Häuser Texels (1599), dem einstigen Armenhaus, befindet sich heute das Heimatmuseum. Neben einer Sammlung von Trachten sowie alten Kunst- und Gebrauchsgegenständen sind wechselnde Ausstellungen zu sehen. Hier lebt das häusliche Leben des 19. Jh. wieder auf. Hinter der ›guten Stube‹ befindet sich der kleinste öffentliche Kräutergarten Hollands.

Sport & Strände

Zwempark Molenkoog: Slingerweg 40, Tel. 02 22/31 33 73, Ende April–Mitte Sept.
Beheiztes Freibad mit Rutschbahn.

Radverleih: Zegel, Parkstraat 14; Kooiman, Schoonoordsingel 7.

Reiten: Stichting Overdekte Manege Texel, Akenbuurt, Seitenweg 10, Tel. 02 22/31 44 90.

Karting Texel Den Burg: Akenbuurt 14, Seitenweg 10, Tel. 02 22/31 39 21, tgl. 10–18, Juli/Aug. 10–20 Uhr.
Große Go-Kart-Bahn, 2 Kinderbahnen, Minigolf, Spielplatz, Kantine.

Wattwanderungen: Waddenwinkel, Wilhelminalaan 30, Tel. 02 22/31 54 66, April–Okt. und in den Frühlings- und Weihnachtsferien Mo–Sa ab 10 Uhr.
Im Sommer auch spezielle Wanderungen für Kinder am Strand und im Watt; Geschenkartikel, Bücher, Wattenmee-

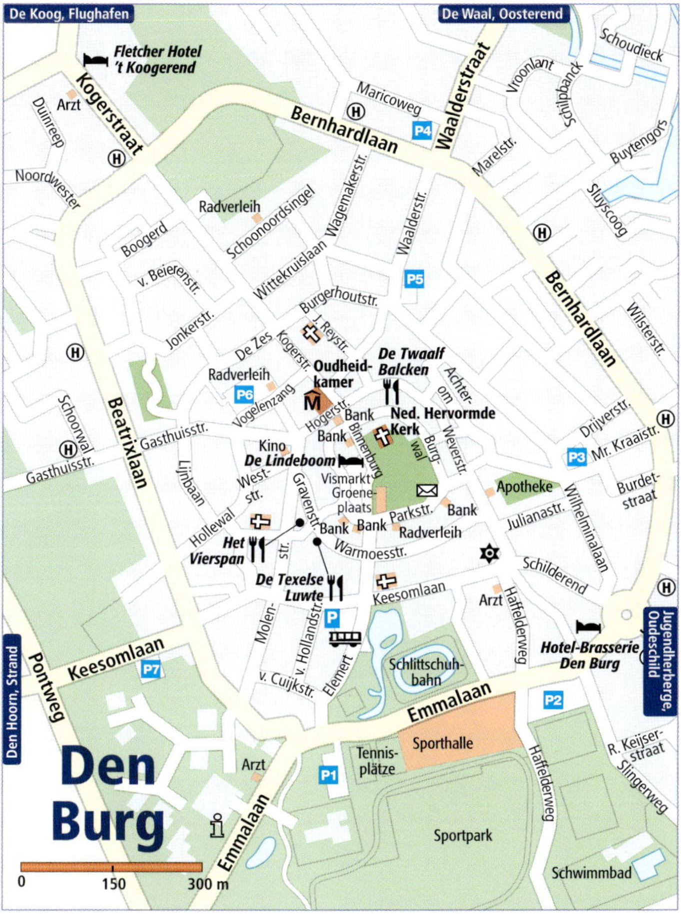

resaquarium, Themenausstellung.
Historische Führungen: in der Hochsaison, Info-Tel. 02 22/31 29 26.
Kulturhistorische Fahrradfahrten, geführte Busfahrten: 't Land van Texel & Galanterie, Waalderstraat 23, Tel. 02 22/32 20 31.
Cinema Texel: Gravenstraat 33, Tel. 02 22/31 20 27, Programm im »Texelse Courant«/»Vakantiekrant«.
Recht aktuelle Filme im O-Ton mit holländischen Untertiteln.

Schapenboerderij De Noordkroon: Nieuwlanderweg 10, Tel. 02 21/31 72 63, März–Okt. 14–18 Uhr.
Bio-Bauernhof; interessante Demonstrationen rund um Schaf und Ziege: Füttern, Melken (um 16 Uhr), Scheren, Spinnen. Im Hofladen Verkauf von Schafkäse, Ziegenkäse und -wurst, Wolle. Weht die gelbe Fahne, werden gerade Lämmer geboren.

Ausgehen

Question Plaza: Kantoorstraat 3, www.questionplaza.nl.
Zahlreiche wechselnde Veranstaltungen: Theater, Kabarett, Livemusik, Disco.
J'elleboog: Kantoorstraat 11.
Biercafé In Den Grooten Slock: Parkstraat 36.
Billard- und Dartspiel; 40 Biersorten, teils Fassbier; im Sommer Bluesmusik live.

Einkaufen

Wochenmarkt: Groeneplaats, Mo 8–12 Uhr.
Breites Wochenmarktangebot, im Sommer zusätzlich touristischeres Angebot (Souvenirs, Kleidung).
Slijterij-Wijnhandel De Wit: Weverstraat 18.
Texelsche Kräuterschnapsspezialitäten (u. a. 't Juttertje, Kees Boontje) und texelsches Bier, Wein und Whisky in großer Auswahl.
Chocolatier Looyer: Spinbaan 1 A (am Dorfrand, Richtung De Waal).
Handgemachte Schokolade und Pralinen in bester Qualität, u. a. unter Verwendung texelscher Spezialitäten wie 't Juttertje. Di ab 14 Uhr kann die Kunst der Bonbonherstellung erlernt werden, Reservierung erforderlich.
De Notenstolp: Weverstraat 74.
Reichhaltiges Käseangebot, u. a. texelscher Bauernkäse, Tee- und Kaffeespezialitäten, Nüsse und Südfrüchte.
Kaasboerderij Wezenspyk: Hoornderweg 27–29, Tel. 02 22/31 50 90, im Sommer Di–Sa 9.30–12.30, Di, Fr auch 13.30–18, im Winter Di 13.30–18, Fr 9.30–12.30, 13.30–18, Sa 9.30–12.30 Uhr; um 10 Uhr Schauvorführung des Käsers.
Leckerer Käse aus Kuh- und im Frühjahr/Sommer auch Schafsmilch nach 500 Jahre alten Rezepten.

VVV: Emmalaan 66, Seitenweg 7, 1791 AV Den Burg, Reservierungen Tel. 02 22/31 28 47, Fax 02 22/31 41 29, Info-Tel. 02 22/31 47 41, Fax 02 22/31 00 54, www.texel.net, Nov.–März Mo–Fr 9–18 , Sa 9–17, April–Okt. Mo–Do 9–18, Fr 9–21, Sa 9–17.30, Juli/Aug. auch So 10–13.30 Uhr.

Hotel De Lindeboom: Groeneplaats 14, Tel. 02 22/31 20 41, Fax 02 22/31 05 17, www.lindeboomtexel.nl, DZ ab 85 €.
Gepflegtes, traditionsreiches Haus direkt am Marktplatz; 23 moderne Doppelzimmer mit gutem Komfort (Bad/Dusche, WC); Luxuszimmer mit Sauna und Whirlpool, Internetanschluss, mit Restaurant, Grand Café, Glasveranda und großer Straßenterrasse.
Hotel-Brasserie Den Burg: Emmalaan 2–4, Tel. 02 22/31 21 06, Fax 022 22/32 20 53, DZ 79–127 € (HP zzgl. 21,50 €).
Geschmackvoll eingerichtete Herberge aus Alt- und Neubau am Stadtrand mit Terrasse vor und hinter dem Haus; 23 komfortable Zimmer (Bad/Dusche, WC) z. T. mit Terrasse; einige Zimmer mit Fax- und Internetanschluss; Sauna, Solarium; Frühstücksbuffet.
Fletcher Hotel 't Koogerend: Kogerstraat 94, Tel. 02 22/31 33 01, Fax 02 22/31 59 02,www.fletcher.nl, 70–109 € (HP zzgl. 22,50 €).
Sonnengelbes gemütliches 25-Zimmer-Haus mit freundlichen, gut ausgestatteten Zimmern (Bad/Dusche, WC), einige mit Whirlpool; 300 m vom Zentrum; mit Terrasse und Garten; Frühstücksbuffet, sehr gute Küche (3-Gänge-Menü).
Jugendherberge Panorama: Schansweg 7, Tel. 02 22/31 54 41, texel@njhc.org, ganzjährig.

Gut ausgestattete, familienfreundliche NJHC-Herberge im wunderschönen Landschaftsschutzgebiet des Hoge Berg; Schlafräume für 3–8 Pers. (z. T. mit Dusche und WC); Spiel- und Sportplatz.

Camping

De Koornaar: Grensweg 388, Tel. 02 22/31 29 31, Fax 02 22/32 22 08, www.koorn-aar.nl, April–Okt.
Gut und familienfreundlich ausgestatteter Patz am Waldrand; 3,5 km bis Den Burg, 2,5 km zum Strand; mit Spiel-, Sport-, Tennisplatz, Kantine, Waschsalon und Radverleih, Vermietung von Chalets.

De Bremakker: Tempelierweg 40, Tel. 02 22/31 28 63, Fax 02 22/31 37 78, www.bremakker.nl, April–Ende Okt.
Windgeschützt im Wald gelegen, 3 km bis Den Burg, 1,5 km zum Strand; für Familien und Jugendliche zu empfehlen; mit Sport- und Spielplatz, Kantine und Waschsalon; Vermietung von Wohnwagen, Fahrradverleih.

De Twaalf Balcken: Weverstraat 20, Tel. 02 22/31 26 81, www.12balcken.nl, Hauptgerichte 11–17 €.
Typische braune Kneipe mit dunklem Holzmobiliar und langer Theke in der Fußgängerzone; unter den zwölf Balken und im Wintergarten gibt's Lamm und Spareribs in verschiedenen Variationen; hierher kommt man auch, um an der Bar ›nur‹ ein Bier zu trinken.

Het Vierspan: Gravenstraat 3, Tel. 02 22/ 31 31 76, Hauptgerrichte 22–24 €, 4-Gänge-Menüs ab 35 €.
Kleines, stilvolles Restaurant mit offenem Herdfeuer und viel Kerzenlicht in schönem alten Haus mit preisgekrönter Küche; Spezialitäten: Fisch und Lamm.

Ausgehen mit Kindern

Der schön am Waldrand gelegene restaurierte Bauernhof Catharinahoeve ist eine ideale Ausgehadresse für Familien mit Kindern und eine hervorragende Einkehrmöglichkeit auf Radtouren, das Lokal liegt direkt am Radweg. An die großzügige Terrasse grenzt ein schöner, großer und abwechslungsreicher Spielplatz, man hat die Knirpse ständig im Blick. Im schön ausgebauten Innenraum mit hohen Decken sitzt man sehr gemütlich am Kamin. Angeboten werden u. a. Lammfleisch, texelsche Spezialitäten, Fisch und leckere Pfannkuchen (ab 5 €), Hauptgerichte ab 15 € (Rozendijk 17, Seitenweg 11, Tel. 02 22/31 21 56, geöffnet 11–22, Küche 11–21 Uhr, im Winter nicht tgl. geöffnet).

De Texelse Luwte: Warmoesstraat 2, Tel. 02 22/32 21 55, Küche bis 22 Uhr, Tapas 2,50–7,50 €, Hauptgerichte 14–16 €, wöchentlich wechselndes Menü um 13 € und als Dessert z. B. frische Feigen mit Sahne und Walnüssen 5,50 €.
In einem schönen, alten Haus im Herzen Den Burgs wird leckere, fantasievolle mediterrane Küche serviert. Regelmäßig kulturelle Veranstaltungen, z. B. klassische Livemusik.

Busse haben Anschluss an die Fähre. Busse nach und von De Koog und Den Burg haben stündlich Anschluss; zu den übrigen Dörfern gibt es zu fast jeder Stunde einen Anschlussbus. Der zentrale **Busbahnhof**

Ungewohnter Anblick auf der Schafinsel Texel: friedlich grasende schottische Hochlandrinder

befindet sich an der Straße Elmert in Den Burg. Der Busfahrplan ist kostenlos im Bus und beim VVV erhältlich. Auch **Taxis** stehen bei Ankunft der Fähre bereit. Das Sammeltaxi Telekom-Taxi fährt für 4 € pro Person quer über die ganze Insel; mindestens eine Stunde vor der gewünschten Abfahrtszeit reservieren, Tel. 02 22/32 22 11.
Fähre: 14–16x tgl. (ca. 20 Min.), fährt im Stundentakt, ab 't Horntje, 6,5 km südl. von Den Burg immer zu vollen Stunde, ab Den Helder immer zur halben Stunde (Karten dort; Tel. 02 22/ 36 96 91/ 92, Tel. Wartezeiten 02 22/ 36 96 90, Reservieren nicht möglich; www.teso.nl), bei Andrang Zusatzfähren, in Stoßzeiten halbstündl. Fahrten.

Ziele in der Umgebung

Hoge Berg/Friedhof der Georgier/De Zandkuil: s. S. xy.

Den Hoorn (D 13)

Das Wahrzeichen Den Hoorns, die weithin sichtbare kleine Kirche mit schlankem weißen Turm, ist besonders im Frühling ein beliebtes Fotomotiv, wenn sie in ein Meer von Narzissen und Tulpen gebettet ist. Bis ins 19. Jh. lag sie im Zentrum des südlichsten Inseldorfes, das 1398 auf der Erhebung 't Klif errichtet wurde. Nachdem die im Goldenen Jahrhundert boomenden Erwerbsquellen – Schiffelotsen, Fischerei, Seefahrt – den Dorfbewohnern kein Auskommen mehr boten, verließen viele Familien den Ort, die Häuser verfielen, wurden schließlich abgerissen. Die Kirche stand nun nicht mehr im, sondern vor dem Dorf.

Im Herzen Den Hoorns (965 Einw.) erinnern drei stilecht restaurierte Lotsenhäuser an der Herenstraat an den einst hier ansässigen Berufsstand. Aneinander gereihte, liebevoll hergerichtete alte Häuschen mit grünen Holzgiebeln rechts und links der Hauptmeile Klif und Herenstraat verbreiten eine heitere, ruhige Atmosphäre, die ansteckt und zu trägem Dahinschlendern verleitet. Der Tourismus hat nur in bescheidenem Maße Einzug gehalten – das Dorf ist ein Tipp für Ruheliebende, die überdies eine Schwäche für kulinarische Genüsse haben.

Sehenswert

Nederlands Hervormde Kerk:
Mai–Okt. Do 14–16 Uhr,
Juli/Aug. zusätzlich Di.
Noch heute dient die kleine Kirche (erbaut 1425–50) der Seefahrt. Bilden die drei am Turm installierten Scheinwerfer zusammen mit denen des kleinen Leuchtturms nahe der Mokbaai eine gerade Linie, wird der direkte Kurs nach Den Helder gewiesen.

Sport & Strände

Strand: sehr breit, feinsandig, kinderfreundlich, bei Paal 9/12 bewacht (Juni –Anfang Sept.; ganzjährig mit Pavillon), ca. 500 m südl. von Paal 9 FKK-Strand.

Radverleih: Vermeulen, Herenstraat 67, Bruining, Kerkstraat 2.

Surfen: außerhalb des bewachten Strandes erlaubt.

Seamount Zeekajak & Outdoor Centrum: Rommelpot 19 (Camping Loodsmansduin), Tel. 02 22/31 93 93, www.seamount.nl.
März–Nov. ein- und mehrtägige Kurse; Organisation von Ausflügen; auch Mountainbiking und Inline-Skating.

Wanderungen: Gute Ausgangspunkte sind die Parkplätze am Hoornderslag und Mokweg. Wanderwege sind durch Pfähle mit farbigen Kuppen gekennzeichnet; grün markierte Wege vom 1. März–15. Aug. nicht betreten!

Telekom-Taxi

Im Sammeltaxi für 4 € über die Insel! Mind. 1 Stunde vorher reservieren (Tel. 02 22/32 22 11).

Kinderbauernhof De Mient:
Rommelpot 11, Tel. 02 22/31 92 96, April–Okt. tgl. 9.30–19 Uhr, mit Pfannkuchenrestaurant.
Großes, z. T. überdachtes Spielgelände, Kettcar- und Go-Kart-Bahn, Minigolf, Bällebad, viele Tiere; Attraktion: Kamel Lizzy.

Highlight 3

Theater-Restaurant Klif 12:
Klif 12, Tel. 02 22/31 96 33, www.klif12.nl, Dinner-Cabaret April–Okt. Mi, Fr, Sa, Nov.–März auf jeden Fall Sa, weitere Termine erfragen.
In einer sehr schön-schlicht restaurierten Bauernscheune würzt das Personal des Theater-Restaurants seine A-la-Carte-Speisen mit einem Kabarett-Programm, das auch für die deutschen Gäste möglichst verständlich gestaltet ist. Während des Dinner-Cabarets (45 € ohne Getränke) wird gesungen, getanzt, gesteppt und nebenbei serviert. Regelmäßige Auftritte von bekannten holländischen Kabarettisten und Kleinkünstlern; Kindervorstellungen/-theater, Kindertheaterrestaurant Klojo & Ko; außerdem für Gruppen Organisation origineller Aktivitäten, z. B. eines Raubzugs am Strand.

Hostellerie Keijser: Herenstraat 34, Tel./Fax 02 22/31 96 23, www.bijjef.nl, DZ ab 82,50 €.
Im alten Pfarrhaus im Dorfkern ist ein kleines, feines Hotel mit 7 schlichten, stilvollen Zimmern eingerichtet; mit Restaurant Bij Jef (s. S. 55); Parkplatz.

Op Diek: Diek 10, Tel. 02 22/31 92 62, Fax 02 22/31 94 89, www.opdiek.com, DZ ab 68 €.
Gemütliches Hotel am Dorfrand in einem reetgedeckten ehemaligen Bauernhaus mit 19 hellen Zimmern (Dusche/Bad, WC). Bar, Frühstücksbuffet und ruhige Südterrasse.

Loodsman's Welvaren:
Herenstraat 12, Tel. 02 22/31 92 28, DZ ab 83 €.
Schöne, über 200 Jahre alte Herberge mitten im Dorf. Geschmackvolle, moderne Suiten für 3 und mehr Pers., 12 DZ (Bad, WC); Pub und Bistro mit Schiffsinventar; Parkplatz.

Camping Loodsmansduin: Rommelpot 19, Tel. 02 22/31 72 08, Fax 02 22/31 70 18, www.rsttexel.nl, April–Ende Okt.
Zweitgrößter Platz der Insel, ruhig und windgeschützt im Dünengürtel zwischen Ort und Strand. Sehr gute Ausstattung mit Supermarkt, Restaurant, Schwimmbad, Tennisplatz; Kajakzentrum auf dem Gelände; für Familien und Gruppen. Abgetrennter Teil für FKK-Camper.

Café-Eethuis Klif 23: Klif 23, Tel. 02 22/31 95 15, www.klif23.nl, Hauptgerichte 12–21 €.
In dem ausgesprochen behaglichen alten Haus werden 125 Pfannkuchensorten in allen Variationen, Lammfleisch- und Fischspezialitäten serviert. Verarbeitet werden viele Inselprodukte, z. B. im ›Hoornder Hartmenü‹. Schöner Wintergarten, Sonnenterrasse mit Blick

über die Wiesen. Wechselausstellungen. Pfannkuchen ab 5 €.

Restaurant-(Whisky & Wiskey) Bar Het Kompas:
Herenstraat 7, Tel. 02 22/31 93 60,
Hauptgerichte ab 23 €.
Im stilvollen Ambiente des kleinsten Inselrestaurants (22 Sitzplätze, reservieren!) kann man aus mehreren Karten wählen: Musik-, Wein-, Whisky- und natürlich Speisekarte. Die Leidenschaft des Besitzers tritt offen zu Tage: Im Ausschank sind 1000 Scotch Single Malt Whiskys. Anekdoten über das bernsteinfarbene Getränk gibt's gratis. Leckere Lammfleisch-, Dünenkaninchen- und Fischgerichte.

Culinaire Verwennerij Bij Jef:
Herenstraat 34, Tel. 02 22/31 96 23,
www.bijjef.nl, Küche Mo–Sa 12–14
und ab 18, So 12–21 Uhr,
Hauptgerichte ab 22 €,
vegetarische Gerichte um 19 €,
3–7-Gänge-Menüs 32,50–60 €.
Im stilvollen Restaurant mit preisgekrönter Küche kann man sich die raffinierten französischen und mediterranen A-la-Carte-Gerichte und Menüs schmecken lassen; erlesene Weine. Schöne Terrasse hinterm Haus.

Buslinien 29 und 229 vom Fährhafen; s. auch S. 51.

Ziele in der Umgebung

De Dennen: s. S. 108f.

Grote Vlak/Pompevlak: rechts und links vom Hoornderslag.
In den feuchten Dünentälern leben schottische Hochlandrinder und Exmoorponys. Sie kommen ihrer Aufgabe, die Vegetation in einem gewissen Rahmen zu halten, gewissenhaft nach. Lässt man die Tiere zufrieden, kann man unbehelligt wandern. Im Juni blühen gelbe Schwertlilien üppig bis an die Dünenseen.

Loodsmansduin:
südl. vom Hoornderslag.
Von der mit 24 m höchsten Düne Texels hielten die namengebenden Lotsen im 17./18. Jh. Auschau nach Schiffen. 1938 wurde an dieser Stelle ein militärischer Beobachtungspunkt errichtet, der inzwischen zum Denkmal erklärt wurde. Ein schöner Aussichtspunkt mit weitem Blick über das Meer und den südlichen Inselteil.

De Hors: Die riesige Strandfläche an der Südspitze, gern als ›Wüste Texels‹ bezeichnet, ist das einzige Dünengebiet der Insel, dessen Entstehen die Natur zum Großteil selbst besorgt hat. Denn etwa alle 150 Jahre strandet hier eine Sandbank. In der ersten Hälfte dieses Jahrhunderts wird mit dem Anlanden der Sandbank De razende Bol, der ›tosenden Sandbank‹, gerechnet. Auf De Hors kann man kilometerweit wandern, ohne einer Menschenseele zu begegnen. Selbst die seltenen Zwergseeschwalben haben Gefallen an diesem Naturschutzgebiet gefunden.

Dünenseen Horsmeertjes und De Geul: 2,5 km südl. von Den Hoorn;
Ausgangspunkt für Wanderungen:
Parkplatz am Mokweg; geführte Wanderungen, Infos bei EcoMare, s. S. 43.
Vom Aussichtspunkt am Mokweg bietet sich ein schöner Blick auf De Geul und die dort brütende Löfflerkolonie. Auch bei den Horsmeertjes gibt es einen guten Aussichtspunkt mit Blick auf die artenreiche Vogelwelt. Im Mai und

Fahrradservice

Fast alle Verleiher sind Mitglieder des Vereins texelscher Fahrradvermieter, die die ›fietsen‹ kostenlos reparieren oder umtauschen.

Wenn im Frühling die Narzissen blühen ...

Juni säumen Hunderte Orchideen die noch recht jungen Horsmeertjes, und im Schilfrohr der Seen ziehen Silbermöwen ihre Jungen auf. Im Spätsommer essen sich die Singvögel an den Sanddorn-, Holunder- und Brombeersträuchern satt. Im nahen Schlick-Salzwiesengebiet Mokbaai, das im 18. Jh. Ankerplatz für die Seefahrer war, lassen sich gern Limikolen und Enten nieder.

Biologisch-dynamischer Hof Sint Donatus: Hoornderweg 46,
Tel. 02 22/31 94 26,
www.waddenproducten.nl,
Mai–Sept. Mi ab 14.30 Uhr Führung über die Ländereien; tgl. ab 17 Uhr kann beim Melken zugesehen werden. Der Hof vertreibt mehr als 140 Produkte aus eigener Herstellung im Hofladen (Ostern–Herbstferien Di–Sa 9–18 Uhr, sonst Öffnungszeiten tel. erfragen). Im Angebot sind u. a. verschiedene Milchprodukte wie Käse (z. B. texelscher Boerenkaas) und eine hofeigene Eisspezialität, außerdem Kartoffeln, Marmelade, Wein und Kosmetikprodukte.

De Hort op (Hottehü):
Tel. 02 22/31 95 55, 02 22/31 96 28.
Traktorfahrt rund ums Dorf mit Infos über Natur und Geschichte Den Hoorns und einer Kaffepause in einem der für Texel typischen Schafställe.

Oosterend (E 12)

In Oosterend, das sich zu Recht ›Texels mooiste dorp‹, also ›schönstes Dorf Texels‹, nennt, wohnen die meisten Fischer der Insel – obwohl mehrere Kilometer sowohl vom Wattenmeer- als auch vom Nordseestrand entfernt. Oosterend (1400 Einw.) präsentiert sich als geschlossenes, überaus hübsches Ensemble aus aufwändig restaurierten Häusern mit den typischen grünen Holzgiebeln. Und mittendrin steht die älteste Kirche der Insel. Es empfiehlt sich, das Auto am Dorfrand stehen zu lassen.

Sehenswert

Hervormde Kerk: Kerkstraat 2, Besichtigung: Juni–Aug. Mi 13.30–15.30 Uhr.
Die Kirche, die z. T. noch aus dem 12. Jh. stammt, ist von einem kleinen Friedhof umgeben. Im 20. Jh. wurde sie recht behutsam in den Zustand des 17. Jh. zurückversetzt. Vor allem die Holztrennwand im Portal unter dem Turm ist sehenswert: Hier sind Hunderte so genannter Hausmarken eingeritzt. Ihre Bedeutung ist nicht ganz klar. Verewigte sich hier, wer Gemeineigentum außerhalb des Dorfes nutzte?
Blazerstraat: Der Name des hübschesten Dorfsträßchens erinnert an die kleinen Holzschiffe, mit denen die Fischer früher auf Fahrt gingen.
Altes Barometer für Seeleute: Oesterstraat/Kerkplein.

Sport & Strände

Kinderfreundliche **Strände** am Deich, so bei Dijkmanshuizen und Nieuweschild.
Radverleih: Rentenaar, Peperstraat 44.
Windsurfclub Texel: im Sommer am Wattendeich bei Dijkmanshuizen.
Surfen: am Wattendeich bei Dijkmanshuizen; mit Kantine.
Angeln: am besten nördl. und südl. vom IJzeren Kaap (über Oostkaap und Deich zu erreichen) und am Pumpwerk bei Oost.
Tennis: zwei Allwetterplätze am Bijenkorfweg (Anmeldung beim Supermarkt, Kerkstraat 3, Tel. 02 22/31 82 83).
Historische Dorfführung: Info bei: 't Lant van Texsel, Tel. 02 22/32 20 31.
Schierfertafel-Route: anhand der Tafeln auf eigene Faust durch den Ort spazieren. Startpunkt: Schoolstraat.

Ausgehen

Eetcafé De Kroonprins: Kerkstraat 7, Tel. 02 22/31 89 75. Beliebtes Café; große Terrasse.

Einkaufen

Wijnhuis Oosterend: Kerkstraat 11. Neben dem Riesenangebot an Wein, texelschem Kräuterlikör und -bitter (mit Zimt und Spekulatiusgewürz) und Hochprozentigem sind das 350 Jahre alte Haus und das Interieur einen Blick wert.

Hotel Prins Hendrik: Stuifweg 13, Tel. 02 22/36 30 20, Fax 02 22/31 84 27, www.prins-hendrik.nl, DZ 70–98 €.
Ideal für Ruhesuchende, Vogelliebhaber und Angler: das gut 2 km nördlich des Dorfes bei De Schorren gelegene gemütliche 14-Zimmer-Haus (alle Zimmer mit Dusche, WC) direkt am Wattenmeer; mit Kamin, Terrasse, großer Garten und Bar. Praktisch und gut: das **A-la-Carte-Restaurant** mit Pfannkuchen und texelschen Spezialitäten (Lamm, Fisch).

Strends End: Achtertune 9, Tel. 31 84 83, Pfannkuchen 5–10 €, Hauptgerichte 12,50–21 €.
Äußerst gemütliches Restaurant mit Veranda und großer Sonnenterrasse fast im Grünen. Hier sind die Kleinen noch Könige. Sie lieben vor allem die Pfannkuchen, die Großen auch die köstlichen Fisch- und Fleischgerichte.
Rôtisserie 't Kerckeplein: Oesterstraat 6, Tel. 02 22/31 89 50,

Hauptgerichte 22–28 €,
5-Gänge-Menü 44 €.
Stilvoll-rustikal eingerichtetes Restaurant mit Außenterrasse und offenem Kamin. Freundlich bewirtet Frau Oosterhaven ihre Gäste an den hübsch gedeckten Tischen, während ihr Mann in der Küche zaubert. Empfehlung: 5-Gänge-Lammfleisch- oder -Fischmenü. Umfangreiche Weinkarte. Offener Kamin.

Buslinien 29 und 229 vom Fährhafen; s. auch S. 51.

Ziele in der Umgebung

Oost: Knapp 2 km nordöstlich vom Dorf liegt der unspektakuläre, aber idyllische Weiler mit einigen Häusern, Schafweiden und ein paar Mini-Windmühlen in den Vorgärten.

Eureka Orchideeën en Vogeltuin:
Schorrenweg 20,
Tel. 02 22/31 83 64,
Fax 02 22/31 80 15,
www.eurekatexel.nl,
Mo–Fr 8.30–18, Sa 8.30–17 Uhr.
Beim Weiler Oost (s. o.) gelegener neu angelegter tropischer Orchideen- und Vogelpark; mit angeschlossenem Gartenzentrum und Kantine.

Molen Het Noorden:
am Wattendeich nördl. von Oost;
zu besichtigen, wenn die blaue Flagge weht.
Von 1878 bis 1963 regulierte die Mühle mit ihren Schöpfpumpen in der hübschen Polderlandschaft Het Noorden den Wasserhaushalt.

Drijvers vogelweid De Bol: unter Naturschutz stehendes Brutgebiet bei Oost (u. a. Rotschenkler, Säbelschnäbler, Austernfischer); nur im Rahmen von Führungen im Mai zugänglich, Tel. 02 22/31 77 41, 19–20 Uhr.

Highlight 4

Oudeschild (E 13)

Das am Wattenmeer gelegene Dorf (1275 Einw.) gibt sich ganz maritim: Im Mittelpunkt steht der Hafen, in dem es geschäftig zugeht. Besonders am Freitag, wenn die Fischereiflotte zurückkehrt. Auch sonst ist es hier immer rummelig, ob im großen Jachthafen, am Kai, wo man Tickets für Kutterfahrten, Hochseeangeln und andere Törns bekommt, oder auf den Café- und Restaurantterrassen rund um die Hafenbecken.

Einst befand sich bei Oudeschild die Reede von Texel, was dem 1600 erstmals erwähnten Dorf eine Blütezeit sondergleichen bescherte. Zahlreiche Lotsen lebten hier, später Austern- und Muschelfischer. 1962 schließlich riefen die Oudeschilder die Kutterflotte ins Leben, eine der modernsten (und teuersten) Westeuropas. Das Dorf selbst ist hübsch, aber eher unspektakulär.

Sehenswert

Zeemanskerkje: Trompstraat,
Juni–1. Sept. Fr 14–17 Uhr;
mit Turmbesteigung.
Viele berühmte Seemänner besuchten die 1650 geweihte evangelische Kirche. An zwei erinnern prächtige Kronleuchter, Gaben der Admiräle Tromp und de Ruyter.

De Ruyterstraat: nette Straße direkt hinterm Deich mit alten, z. T. denkmalgeschützten Häusern.

Maritiem en Jutters Museum:
Barentszstraat 21, Tel. 02 22/
31 49 56, www.texelsmaritiem.nl,
Di–Sa 10–17 Uhr, Juli/Aug. auch Mo,
zu bestimmten Zeiten Vorführungen im Netzeflicken etc.; kein Parkplatz (am Hafen parken).

Eine Kutterfahrt, die ist lustig: Man lernt die Meeresbewohner aus der Nähe kennen, und diese kehren lebend ins kühle Nass zurück

Auf einem traumhaften Gelände ist das Seefahrt- und Strandräubermuseum untergebracht. Schon von weitem ist die Windmühle zu sehen. Von ihrer Galerie hat man einen guten Überblick. In den übrigen sehr liebevoll ausgestatteten Gebäuden finden sich Schmiede, Fischräucherei, Werkstatt des Schiffszimmermanns, im Raum De Noordkaap ein Kutter, Ausstellungen zu Unterwasserarchäologie, Strandräubern, der texelschen Reede. Kurz: absolut sehenswert!

Sport & Strände

Radverleih: im Hafen (Haven 20) und in der De Ruyterstraat 63.
Jachthafen: Tel. 02 22/32 12 27.
Wattfahrten mit dem Krabbenkutter/zu den Seehundbänken: 1–2,5-stdg. Fahrten u. a. mit TX 10 Emmie (Tel. 02 22/31 36 39), De Zeester (Tel. 02 22/31 35 45). Ticketschalter im Hafen.
Tagesausflüge nach Terschelling: mit der MPS Stortemelk, Tel. 05 62/44 31 44.
Sportfischen: mit MS Rival (Tel. 02 22/31 34 10), Zeester (Tel. 02 22/31 35 45) und Het Sop (Tel. 02 22/31 05 33).
Mehrtägige Segelfahrt auf dem Wattenmeer mit historischem Segelschiff Grote Jager: Tel. 02 23/61 27 18.
Katamaransegeln: Tel. 06/54 25 09 37. Aktives Mitsegeln auf Halbtagesfahrten.
Windsurfen: guter Spot bei Dijkmanshuizen.

Einkaufen

Texelse Bierbrouwerij: Schilderweg 214 b, Tel. 02 22/31 32 29, www.speciaalbier.com, auf halber Strecke nach Den Burg in einer alten Molkerei, März–Okt. Mi, Sa 14–18,

Juli/Aug. Do zusätzlich 14–18, Nov. Sa 14–18, Führungen (bei genügend Interessenten) um 15, 16 Uhr. Mit Biergarten und Probierstube; sonnige Südterrasse.

De Zeven Provinciën: De Ruyterstraat 60, Tel. 02 22/31 26 52, Fax 02 22/31 31 49, DZ ab 50 €. Auf historischem Boden bewegt man sich in dieser schönen alten, mitten im Dorf und nahe am Hafen gelegenen Herberge, in der schon im 17. Jh. berühmte niederländische Seefahrer (De Ruyter, Tromp) nächtigten (9 Zimmer mit und ohne Dusche, WC, davon 8 Nichtraucher-Zimmer, **Restaurant).**

Havenhotel Texel: Haven 2, Tel. 02 22/31 02 34, www.havenhoteltexel.nl, ganzjährig geöffnet, DZ 110–140 €. 6 freundliche, helle Zimmer mit Blick über den Hafen und das Wattenmeer im alten Fährhaus. Ein Postkartenmotiv! Zimmer sind in den Farben der Insel – in Blau- und Sandtönen – eingerichtet. 3 Zimmer mit Loggia. Größe der Zimmer: 23–47 m^2.

Vispalais-Rokerij van der Star: Heemskerckstraat 15. Einzige Fischräucherei Texels, außerdem weitere gebackene, eingelegte und täglich frische Fische. Gute Fischsalate und eine ›texelsche Bouillabaisse‹. Spezialität: geräucherte Lachsforellen und Seezungen. Preiswert. Während der Öffnungszeiten (2 Wochen vor den Osterferien bis zu den Herbstferien und in den Weihnachtsferien Mo–Sa 8 bis 18 Uhr) kann der Betrieb besichtigt werden. Große Terrasse.

Café-Restaurant Havenzicht: Haven 6, Tel. 02 22/31 26 02, www.havenzichttexel.nl, Küche 12–15, 17–21 Uhr, Fleischgerichte 12–18 €, Fischgerichte 13,50–20 €. Echt *nederlands* ist die Atmosphäre im Traditionsrestaurant der Bakkers. Ausgezeichnete Fischgerichte, falls vorrätig, *poon* (Knurrhahn; 13,30 €) probieren. Traumhafter Ausblick auf den Hafen.

Café-Restaurant Het Stoombootkoffiehuis/ Eetcafé Het Vooronder: Haven 2, Tel. 02 22/32 00 14, Hauptgerichte im Eetcafé 12–15 €, im Restaurant 15–25 €. Toplage direkt im Hafen mit Superaussicht aufs Wasser. Von außen ist das alte Fährhaus nicht sonderlich attraktiv, was die gemütliche, maritime Atmosphäre im Inneren mehr als wettmacht. Spezialitäten aus der experimentierfreudigen Küche von Willem Roeper sind gefüllte Lammschulter oder Schmorfisch.

Buslinien 26, 27, 29 und 230 vom Fährhafen; s. auch S. 51.

Ziele in der Umgebung

Dijkmanshuizen: unter Naturschutz stehendes Brutgebiet nördlich des Dorfes (Rotschenkler, Säbelschnäbler, Austernfischer); nur im Mai mit Führung zu besichtigen (Tel. 02 22/31 77 41, 19 bis 20 Uhr).

Fort De Schans/Wezenputten: s. Tour 2, S. 110f.

Vlieland

Wogende Dünenlandschaften, das Vogelparadies der Kroon's Polders, große Laub- und Nadelwälder, kilometerlange Küsten und die unendliche Weite des Vliehors, der ›Sahara des Nordens‹:

Das ist Vlieland. Die Insel ist nur etwa 12 km lang – nicht eingerechnet das 8 km lange Vliehors, eine gewaltige, von Puderzuckersand bestäubte Fläche im Westen – und nirgends breiter als 2 km. Besucher fühlen sich schnell heimisch: Vlieland ist überschaubar und es gibt nur ein Dorf. Gut markierte Wander- und Radwege erschließen Insel und Naturschutzgebiete und geben Einblicke in ihre abwechslungsreiche Flora. Selbst in der Hochsaison, wenn die Unterkünfte in der Regel komplett ausgebucht sind, geht es hier noch gemütlich zu. Eine ›Discomeile‹ existiert nicht, und Autoverkehr gibt es kaum: Gäste dürfen lediglich ihr Fahrrad mitbringen.

Einst gab es auf der Insel zwei Dörfer: West- und Oost-Vlieland. Ihr Auskommen fanden die Inselbewohner überwiegend im Walfischfang. Im 17. Jh. wohnten mehr als 70 Kommandeure der Fangflotte und viele Kapitäne der Handelsmarine auf Vlieland. Oost-Vlieland blühte auf – dank seiner günstigen Lage am Vlie, wo die Handels- und Kriegsschiffe vor Anker lagen und auf günstigen Wind warteten. West-Vlieland hingegen wurde Opfer des stetig an der Küste nagenden Meeres.

Im 19. Jh. ging Vlielands Blütezeit zu Ende. Die Reeder verlegten ihren Sitz aufs Festland, Ackerland gab es auf Vlieland keines und mit der Fischerei ließ sich schon damals nicht mehr viel Geld machen. Es wurde sogar ernsthaft erwogen, die Insel untergehen, also vom Meer wegspülen zu lassen, da ihr Erhalt riesige Summen verschlang.

Der in den 20er Jahren des 20. Jh. sachte auflebende Tourismus sollte die rettende Einnahmequelle für die Inselbewohner werden.

Oost-Vlieland (G/H 8)

In Oost-Vlieland (1150 Einw.) geht es beschaulich zu. Jahrhundertelang war die Dorpsstraat die einzige Straße des Ortes, sein Rückgrat quasi. Von hier zweigten gen Norden schmale Gassen ab, die in den Dünen endeten. Die übrige Bebauung stammt aus dem 20. Jh. Wer auf die Vuurboetsduin mit dem Leuchtturm hinaufsteigt, kann sich ein Bild davon machen, wie es hier einmal ausgesehen haben muss: die schmale Dorfstraße mit ihren Seitengassen, flankiert von gelben Backsteinhäusern mit roten Dächern, das Ganze eingefasst vom Grün der Ulmen und der zahlreichen Obstbäume in den Gärten, im Vordergrund Kirche und Armenhaus, Meisterwerke der Wattenarchitektur des 17. Jh.

Sehenswert

Nicolaaskerk:
Kerkplein, Juni–Sept. Mi 10–11 Uhr.
Im Inneren der Kirche (17. Jh.) erinnert vieles an die maritime Geschichte Vlielands: der wuchtige Schiffsmast, die Kirchenbänke aus Treibholz, die im Boden eingelassenen Grabplatten von Kapitänen und Lotsen und der 1660 von Admiral De Ruyter gestiftete Kerzenleuchter. Auf dem Friedhof dienten Walfischzähne seit dem 18. Jh. als Grabsteine. Einige dieser Relikte haben 1920 ihren Platz in der Kirche gefunden. Orgelkonzerte, Konzerte bei Kerzenlicht etc.

Oude Raadhuis: Dorpsstraat 148.
Das Alte Rathaus mit dem von einem Schiff bekrönten Glockentürmchen stammt aus dem Jahr 1855.

Dorpsstraat: In der urigen Straße finden sich noch zahlreiche Giebelhäuser des 18. und 19. Jh., die als Ensemble die Atmosphäre von damals widerspie-

Sonne und Erholung tanken an Vlielands feinsandigem Strand

geln. Die Paradestraße der Vlielander, die im Sommer einer einzigen, fröhlichen Freiluftterrasse gleicht, steht mittlerweile unter Denkmalschutz.

Leuchtturm: am Dorfrand, westl. des Badweges, Juli/Aug. Mo–Fr 10.30–12, 13–15, Sa 10.30–12 Uhr.

Auf einer 40 m hohen Düne, der höchsten Erhebung der Watteninseln, schraubt sich der rote, gusseiserne, plexiglasbekrönte *vuurtoren* in die Höhe. Sein kurioses Anhängsel, ein Aussichtspunkt auf Pfählen, entstand 1929. Von hier oben, 55 m über dem Meeresspiegel, hat man einen schönen Blick über die Insel und bei klarem Wetter bis Harlingen.

Armhuis: gegenüber der Nicolaaskerk, Kerkplein 6, in der Regel tgl. 11–19 Uhr, mit Café (s. S. 66).

Bis 1950 gab das Oude mannen en vrouwenhuis (17. Jh.) alten Menschen eine letzte Unterkunft. In dem 1995 grundlegend renovierten Gebäude, das als eines der schönsten aus der Zeit des Goldenen Jahrhunderts auf den Watteninseln gilt, sind heute Museum und Galerie untergebracht.

Tromp's Huys:
Dorpsstraat 99,
Di–Fr 11–17, Sa, So 14–17 Uhr.

1575 gab die Admiralität Amsterdams das architektonische Juwel und wohl älteste erhaltene Gebäude der Insel in Auftrag. Seit 1955 illustriert es als Museum Vlielands Geschichte. Neben archäologischen Funden, Erinnerungsstücken aus der Zeit der Walfänger und einer wertvollen Kartensammlung ist der Nachlass der norwegischen Malerin und ehemaligen Besitzerin Betzy Berg (1850–1922) wesentlicher Bestandteil der Ausstellung.

Bezoekerscentrum De Noordwester: Dorpsstraat 150, Tel. 05 62/45 17 00, www.denoordwester.nl, Feb., Dez. Di, Do 13.30–17, Sa 14–17, So 13–16, März, April, Nov. Di–Do 13.30–17, Sa 14–17, So 13–16, Mai, Okt. Mo–Fr 13.30–17, Sa 14–17, So 13–16, Juni, Sept. Mo–Fr 10–12, 13.30–17, Sa 14–17, So 13–16, Juli, Aug. Mo–Fr 10–17, Sa 14–17, So 13–16, in den Ferien (außer Sommerferien) Mo–Fr 10–17, Sa 14–17, So 13–16 Uhr, mit **Internetcafé, Cafeteria.**

Neben einer gelungenen Ausstellung zu Flora und Fauna der Insel befasst sich der zweite Schwerpunkt des Besucherzentrums mit ihrer Entstehungsgeschichte und ihren Einwohnern. Spannend sind Seeaquarium und Rochenbecken sowie der Besuch des Dachbodens: Hier oben drängen sich Hunderte *jutterszaken*, Strandgut, das angespült wurde.

Wellenbrecher: Der Strand im Nordosten Vlielands ist sehr schmal, und Buhnen und Strandpfahlreihen wurden hier seit 1854 im Wasser angelegt, um das weitere Wegspülen des Sandes zu verhindern. Insgesamt gibt es auf Vlieland 64 solcher Wellenbrecher, die man auf den anderen Watteninseln fast vergeblich sucht. Das Straßen- und Wasserbauamt Rijkswaterstaat ist für ihre Wartung zuständig, ein teures Vergnügen. Die modernen Küstenschutzmaßnahmen – Anschwemmen von Sand, künstliche Dünen aufwerfen etc. – sind weitaus günstiger.

Sport & Strände

Strand: feinsandig, kinderfreundlich (Juli/Aug. am Dünenübergang/Badweg bewacht; Strandpavillon).

Schwimmbad Flidunen: De Uitlegger 2, Tel. 05 62/45 14 45. Hallenbad mit 50-m-Rutsche, Jetstream, viele Veranstaltungen rund ums Wasser..

Radfahren: am Anleger, Dorpsstraat 2, 8, 17 und 113; ausgezeichnetes Radwegenetz (Infos beim VVV, s. S. 64).

Hochsee- und Wrackfischen: Infos beim VVV, s. S. 64.

Isländer-Reitstall Edda: Fortweg 9, Tel. 05 62/45 11 28.

Manege De Seeruyter: Badweg 3, Tel. 05 62/45 19 62, www.manegedeseeruyter.nl. Unterricht und Ausritte für Anfänger und Fortgeschrittene, Ponyreiten für Kinder, Planwagenfahrten.

Tennis: beim Strandhotel Seeduyn, Badweg 3, Tel. 05 62/45 15 60; Tennisclub Vlieland beim Schwimmbad, tel. Reservierung tgl. 19.30–20 oder Mo–Fr 9–11 Uhr beim Spirituosengeschäft Dijkstra, Dorpsstraat 58, Tel. 05 62/45 13 28.

Minigolf: Die Minigolfanlage liegt beim Büro der Staatlichen Forstverwaltung im Wald.

Fallschirmspringen: Evenementenbureau Jan van Vlieland, Dorpsstraat 8, Tel. 05 62/45 15 09.

Jachthafen: Tel. 05 62/45 17 29.

Strandsegeln: 't Zeepaardje, Dorpsstraat 138, Tel. 05 62/45 19 71.

Schlittschuhbahn: Die schön mitten im Wald gelegene natürliche *IJsbaan* ist im Winter eine der größten Vergnügungen. Zu erreichen über Lutinelaan oder Badweg, dann Langebaan.

Windsurfen: auf der Nordsee und vor allem auf dem Wattenmeer.
Wandern: Die Staatliche Forstverwaltung hat auf Vlieland mehrere markierte Wanderwege (3,5–5,5 km; Infos beim VVV) angelegt. Wer sich unter die Fittiche eines sachkundigen Führers begeben möchte, erhält Infos und Karten im Besuchszentrum De Noordwester (s. S. 63). Themen u. a.: Wattexkursion, Dünenwanderung, Ausflug in die Kroon's Polders (besonders Vogelliebhabern zu empfehlen), ein Rundgang mit dem Nachtwächter (spannend nicht nur für Kinder), eine von Rijkswaterstaat organisierte Führung, die sich u. a. mit Themen wie der Strandbefestigung, der Landgewinnung, den Buhnen etc. beschäftigt.
Hochseefischen: Angelschein nicht erforderlich. Am häufigsten an der Angel hängen Butt, Kliesche, Makrele und Aal. Weitere Infos beim VVV, s. u.
Wrackfischen mit der Seagull: Infos beim VVV, s. u.
Fahrt mit dem Garnelenkutter: Jan van Vlieland, Dorpsstraat 8, Havenweg 6, Tel. 05 62/45 15 09.
Vliehors-Rundfahrt/Tagesausflug nach Texel: s. Tour 5, S. 116f.
Tagesausflug nach Terschelling: Infos beim VVV, s. u.

Ausgehen

An der quirligen **Dorpsstraat** liegen die meisten Ausgehadressen, so die Discotheek De Stoep (Nr. 81; tgl. ab 22 Uhr Tanz für junge Leute) sowie die Cafés De Oorlam (Nr. 83; Vlielands gemütlichstes Bruin Café), das vor kurzem renovierte De Zeevaert (Nr. 63; häufig Livemusik, Themenabende, tgl. von 17–18 Uhr Happy Hour) und De Zeeman (Nr. 84; Irish Pub mit Darts und Poolbillard).

Einkaufen

Fischverkauf: Viswinkel, Dorpsstraat 14.
Bakkerij Westers: Dorpsstraat 98. Hier gibt's u. a. Cranberrybrot und vlieländischen Apfelkuchen.
Slijterij Dijkstra: Dorpsstraat 58. Hochprozentiges im Angebot (Cranberrywein, Kräuterbitter etc.).

VVV: Havenweg 10 (gegenüber vom Fährterminal), 8899 BB Vlieland, Tel. Auskunft 05 62/45 11 11, Tel. Reservierungen 05 62/45 13 45, Fax 05 62/45 13 61, www.vlieland.net, Mo–Do 9–12.30, 13.30–17, Fr nur bis 16.45, Sa 10.30–11.45 und bei Ankunft der Fähre, So 9.15–9.30, 15.45–16.45 Uhr sowie am Abend bei Ankunft und Abfahrt von Fähre und Schnellboot.

Pension Duin en Dal: Dorpsstraat 163, Tel. 05 62/45 16 84, DZ ab 46 €. Im ruhigsten Abschnitt der Dorpsstraat gelegene Pension (Dusche, WC auf dem Flur); Außenterrasse.
Hotel De Bosrand: Duinkersoord 113, Tel. 05 62/45 12 48, www.hoteldebosrand.nl, DZ 76–92 €. Die Lage macht's: 100 m vom Nordseestrand entfernt, schön in den Dünen und am Waldrand gelegenes Hotel garni mit Nichtraucher-Zimmern (alle mit Bad/Dusche, WC), Sonnenterrasse, Sauna.
Hotel Golfzang: Dorpsstraat 3, Tel. 05 62/45 18 18, Fax 05 62/45 18 17, www.hotelgolfzangvlieland.nl, DZ ab 80 €. Direkt hinterm Deich gelegenes Hotel garni in einem schönen Gebäude von 1895; einfache bis komfortable kleine Räume (Bad/Dusche, WC). Nach den

Zimmern mit Aussicht übers Wattenmeer fragen. Auch Apartments und Familienzimmer.

Badhotel Bruin: Dorpsstraat 88, Tel. 05 62/45 13 01, Fax 05 62/45 12 27, www.badhotelbruin.com, DZ ab 83 €.
Ältestes und bekanntestes Inselhotel mit sehr gemütlicher Atmosphäre und eher nüchtern eingerichteten Zimmern und Familiensuiten (mit Bad/Dusche, WC). Straßenterrasse, Lounge (offener Kamin), altholländisches Café, Restaurant.

Strandhotel Seeduyn: Badweg 3, Tel. 05 62/45 15 60, Fax 05 62/45 11 15, www.westcordhotels.nl/html/SeeDuyn.html, DZ 90–170 €, Apartments ab 77 € pro Tag.
Modernes Hotel der Golden-Tulip-Kette (100 Zimmer, 50 Familienapartments, alle mit Dusche/Bad, WC), das etwas gesichtslos wirkt. Seine Vorteile – direkt am Meer, kinderfreundlich, komfortabel – machen es aber besonders für Familien attraktiv; mit **Restaurants,** Terrasse, vielen Freizeitangeboten, Hallen- und Freibad mit Kinderbecken, Sauna, Strandpavillon und Reitstall.

De Wadden: Dorpsstraat 61, Tel. 05 62/45 26 26, Fax 05 62/45 26 23, www.hoteldewadden.nl, DZ 100–116 €.
Zentral in der Dorpsstraat gelegenes schönes Familienhotel in der ehemaligen Seefahrtschule mit großem Garten, Bar, **Restaurant** und Bruin Café. Die meisten der 20 Zimmer verfügen über Balkon oder Terrasse und Dusche oder Bad und WC. Nach den Zimmern mit Aussicht über das Wattenmeer fragen.

Camping

Kampeerterrein Stortemelk: Kampweg 1, Tel. 05 62/45 12 25, www.stortemelk.nl, April–Sept.
Großer Campingplatz direkt am Nordseestrand, 15 Gehminuten vom Dorf entfernt; durch seine Lage und Ausstattung (Supermarkt, Aufenthaltsraum, Café, gute sanitäre Einrichtungen, vielfältige Freizeitmöglichkeiten) ist er besonders für Familien mit Kindern attraktiv.

Natuurkampeerterrain De Lange Paal: Postweg 1a, Tel. 05 62/45 16 39 (9–11 Uhr), www.langepaal.com, April–Sept., wer in den Monaten Juli/Aug. länger als 3 Nächte bleiben möchte, muss unbedingt im Voraus reservieren.

Gut essen nach dem ›fietstocht‹

Vlieland ist ein Paradies für Radfahrer – die Insel besitzt ein ausgezeichnetes Radwegenetz. Und wer nach einer Tour dann auch noch gerne in entspannter Atmosphäre essen möchte, ist im Posthuys gut aufgehoben, insbesondere, wenn die Kinder noch ein wenig Auslauf brauchen. Die Speisekarte der ehemaligen Unterkunft des Postillons (s. Tour 3, S. 112f.) ist zwar nicht sehr umfangreich – Tipp: geräucherter Fisch und Pfannkuchen –, aber sowohl die große, geschützte Terrasse als auch das freundliche Restaurant mit der großen Glaswand und Sicht auf die Dünen lohnen. Spielecke und Spielplatz (Het Posthuys, Postweg 4,7 km westl. vom Dorf, Tel. 05 62/45 12 82, www.posthuys.com, tgl. 11 bis 17 Uhr, Pfannkuchen 6–9 €, Salate/Hauptgerichte 8–12 €).

3 km westlich vom Dorf inmitten von Wald und Dünen gelegener kleinerer Platz, ideal für Ruhesuchende und Naturliebhaber; einfache, aber zweckmäßige Ausstattung. Camper müssen im Besitz der Natuurkampeerkaart (ca. 8 €) sein, die auf dem Platz verkauft wird. Hunde sind nicht erlaubt.

Het Armhuis: Kerkplein 6, Tel. 05 62/45 19 35, Fischgerichte 19,50–22,50 €, Geflügel, Fleisch und Wild 19–22,50 €.
Mittag- und Abendessen in einem der schönsten Inselcafés (s. S. 62). Lecker: die Äpfel im Schlafrock *(appelbollen)*.
Grand Café De Stoep: Dorpsstraat 81, Tel. 05 62/45 14 95, Hauptgerichte ab 10 €.
Spezialität des Grand Cafés sind seine köstlichen *stoofpotjes* (Fisch, Lamm, Kalb, Huhn); gute Weinkarte.
Visrestaurant Oosterbaan: Dorpsstraat 12, Tel. 05 62/45 25 95, Hauptgerichte ab 14 €.
Spezialität des rustikal eingerichteten Fischrestaurants: *tongschaar* (Seezunge) mit Garnelen. Auch vegetarische und Fleischgerichte.
De Lutine: Dorpsstraat 114–118, Tel. 05 62/45 14 77, Hauptgerichte ab 14 €.
Liebevoll eingerichtetes Eetcafé mit Terrasse – eine ausgezeichnete Adresse für Familien mit Kindern. Bodenständige Küche mit guten Fisch- und Fleischgerichten (Tipp: »herrliche Spareribs«), ausländische Spezialitäten, gutes Salatbuffet. Zum Nachtisch sind die Sorbets und der hausgemachte Apfelkuchen ein Muss.
Het Badhuys: Badweg 3, Tel. 05 62/45 19 92, Pizza ab 12 €, Hauptgerichte ab 13 €.
Essen am Strand (Pizza, Fleisch- und Fischgerichte) mit traumhafter Aussicht auf die Nordsee im einzigen Strandpavillon Vlielands.

Fähre: mehrmals tgl. Fähr- (ca. 1,5 Std.) und Schnellbootverbindungen (ca. 45 Min.) von Harlingen (Karten dort; Infos www.rederij-doeksen.nl).
Pkw-Verbot für Gäste. Auf der Insel stehen bei Ankunft der Fähre **Taxis, Pferdewagen, Linien-** und **Hotelbusse** bereit. Wer selbst zum Häuschen oder Hotelzimmer laufen möchte, sein Gepäck aber chauffieren lassen möchte, ist richtig bei www.bagagevervoervlieland.nl.

Highlight 5

Vliehors: Am Ende des Polderwegs ist Schluss für Wanderer und Radfahrer, hier geht es nicht weiter. Eine gewaltige sandige Ebene liegt vor dem Betrachter: das Vliehors, wenig bescheiden auch ›Sahara des Nordens‹ genannt. Um seine Dimensionen zu erfassen: Es nimmt flächenmäßig fast die Hälfte der Insel ein.

Ziele in der Umgebung

Kooispleklid/Cranberryvlakte: Dünengebiet westl. der Vuurboetsduin, das schließlich in eine mit Preiselbeeren bewachsene Ebene mündet.
Nieuwe/Oude Kooi: Die neue, nie in Betrieb genommene Entenkoje (Entenfang) liegt kurz vor dem Pad van Twintig und ist heute ein Paradies für verschiedenste Vogelarten. Die alte Entenkoje befindet sich im ältesten Waldgebiet Vlielands (19. Jh.) kurz hinter dem Pad. Noch bis zum Zweiten Weltkrieg wurden hier Enten gefangen.

Mit dem ›fiets‹ durch Terschellings schattige Wälder …

Der Wald rund um diesen Teich wirkt wild – ein bezauberndes Fleckchen zum Rasten.

Bomenland: Diese große Nadelbaumanpflanzung kurz vor dem Posthuys stammt aus dem beginnenden 20. Jh. Inzwischen durchsetzen Laubbäume den alten Bestand – sie brauchen weniger Wasser als Nadelbäume – und schaffen so ein abwechslungsreicheres Bild. Wer mag, kann hier das Fahrrad für eine Weile abstellen und dem markierten Wanderweg folgen.

Dodemansbol: Auf dem Mini-Friedhof gegenüber Bomenland fanden Seeleute, die an ansteckenden Krankheiten gestorben waren, ihre letzte Ruhe.

Terschelling

Im Zickzackkurs, an der Vogelinsel Griend vorbei, schlängelt sich die Fähre zur zweitgrößten niederländischen Watteninsel (30 km lang, max. 4,5 km breit). Bei der Ankunft im wirklich malerischen Hafen, dessen Hintergrund das ebenso malerische West-Terschelling bildet, wähnt man sich in südlicheren Gefilden. Nicht zuletzt, weil es hier äußerst lebhaft zugeht. Kein Wunder, dass die Insel, insbesondere ihr Hauptort, viele junge Leute anlockt. Schließlich warten eine Vielzahl an Restaurants, Cafés, Bars und Aktivitäten auf sie.

Die 5000 Einwohner zählende Insel ist allerdings kein ›Ballermann-Revier‹. Vielmehr befriedigt sie die unterschiedlichsten Bedürfnisse. Wer den Trubel nicht mag, meidet West-Terschelling bzw. Midsland einfach am Wochenende und Abend – oder besucht die übrigen vier Dörfer, die sich an dem von West nach Ost verlaufenden, 16 km langen Hoofdweg aneinander reihen. Bis auf West, das auf z. T. abgetragenen Dünen entstand, liegen alle Dörfer und Bauernschaften im Poldergebiet im Süden der Insel. Die hübschen Ferienhaussiedlungen West aan Zee und Midsland aan Zee hingegen schmiegen sich in die Dünenketten im Norden.

›Skylge‹ (oder ›Schylge‹), wie Terschelling auf Friesisch heißt, besitzt eine abwechslungsreiche Landschaft, die auch Ruhesuchenden ausreichend Platz einräumt – selbst in der Hochsaison. Ein rund 70 km langes Radwandernetz erschließt die Insel – ausgenommen das 4400 ha große Naturschutzgebiet De Boschplaat, das den gesamten Ostteil der Insel ausmacht.

Das Ferienfahrrad online buchen

Seit kurzem bietet der Terschellinger Fahrradvermieter Haantjes an, das *fiets* online im Voraus zu bestellen. Ihre Vorteile: Ihnen ist das gewünschte Rad auf jeden Fall sicher, auch in der Hauptsaison, das Rad wird an der Fähre oder am Haus/Hotel für Sie bereit gestellt, und Ihr Gepäck wird an die Ferienadresse zugestellt. Einfach über die Web-Adresse des VVV, www.vvv-terschelling.nl, einloggen und buchen.

Darüber hinaus besitzt Terschelling neben seinem großen Polder (1300 ha), der zahlreichen Bauern ein Auskommen und Tausenden Vögeln bis in den Frühling hinein sicheren Unterschlupf gewährt, große Waldgebiete (617 ha), Salzwiesen, eine gewaltige Sandplatte im Westen (Noordsvaarder) sowie einen 30 km langen und bis zu 1 km breiten Puderzuckerstrand. Seine Dünenketten an der Küste bilden das größte zusammenhängende Naturgebiet der Niederlande, in dem die Hälfte aller wild in Holland vorkommenden Pflanzen wächst – insgesamt ca. 700. Nicht umsonst genießt Terschelling, zu 80 % naturbelassen, den Ruf, die intakteste Natur der Watteninseln zu besitzen. Landwirtschaft spielte schon immer eine Rolle auf der Insel, reich wurden ihre Bewohner aber durch Walfang, Lotsenwesen und Handelsschifffahrt. Die bedeutenden Handelsrouten von Amsterdam zu den Ostseehäfen verliefen durch Vlie (zwischen Vlieland und Terschelling) bzw. Marsdiep (südl. von Texel). Rund ein Viertel der Ostseeflotte lag im 17. Jh. vor Vlieland und Terschelling auf Reede. Problematisch wurde die Lage gegen Ende des 18. Jh., als die Dampfschiffe den Untergang der Segelschifffahrt einläuteten. Man verlegte sich auf die Küstenfischerei (vor allem Hering, Muscheln und Austern). Als damit immer weniger verdient wurde, bot ein neuer Wirtschaftszweig den Ausweg: der Tourismus. Heute finden die meisten Schylger ihr Auskommen in dieser Branche.

Formerum (K 6)

Das Reihendorf, dessen Name ›vor dem Meer‹ bedeutet, zieht sich an der Hauptstraße entlang. Sein Satellit Formerum-Noord, schön am Wald gelegen, ist eine künstlich geschaffene Sommerhaus- und Caravansiedlung. Aus dem beschaulichen Formerum (233 Einw.) stammt der bekannte Seefahrer Willem Barentsz, nach dem die Barentssee benannt ist. Vielleicht war es ihm hier gar zu beschaulich, sodass es ihn in die Ferne zog (s. S. 77, Museen).

Highlight 6

Wrakmuseum De Boerderij: Zuid 13, Tel. 05 62/44 93 05, www.wrakkenmuseum.nl, Ostern–Herbstferien tgl. 10–17 Uhr, nettes Café. Ebenso skurril wie sehenswert ist dieses in einem alten Bauernhof vom Tauchteam Ecuador eingerichtete Museum. In den letzten 25 Jahren haben sie es geschafft, das Haus bis unters Dach mit Funden aus gesunkenen Schiffen auszustatten: vom Nachttopf über kostbares Geschirr bis hin zur Kanone am Eingang. Die Deckenbalken waren ursprünglich Schiffsmasten – wie in vielen Schylger Häusern.

Sehenswert

Willem-Barentsz-Denkmal: Formerum Zuidpad/-Hoofdweg.
Landerumer Hei: s. Tour 4, S. 114f.
Formerumer Bos: Der 1920–35 wie alle anderen auf der Insel auch künstlich angelegte (eintönige) Nadelwald sollte einst den Sandverwehungen Einhalt gebieten, mit dem die Schylger viel Last hatten. Inzwischen hat sich das Bild gewandelt – eine variantenreiche Bepflanzung hat viele Vögel angelockt.

Sport & Strände

Strand: feinsandig, kinderfreundlich; zwischen Paal 11 und 12 (im Juli/Aug. bewacht; mit Pavillon).

Kaffeegenuss mit Aussicht

Die ehemalige Kornmühle De Koffiemolen am Molenhoek zog 1876 von West (Dellewal) hierher um. Seit fast 40 Jahren kann man von oben bei einem Kaffee und herrlichem Cranberry-Sorbet den Blick auf die Umgebung genießen.

Radverleih: u. a. bei Rijwielverhuur Haantjes, Koksbosweg 4, und Noorderlicht chalet-rijwielverhuur in Formerum-Noord (Molkenbosweg 1 a).
Wandern: zwei markierte Routen: Landerumer Hei und Formerumer Bos (s. o., rot, 4 km, Start am Duinweg nordwestl. vom Dorf) sowie Natuurpad Formerumer Bos (gelb, 4,5 km, Start in Lies an der Staatsschuur von Staatsbosbeheer).

Strandhotel Eetcafé Formerum: Formerum 13 b, Tel. 05 62/44 86 29, DZ ab 60 €.
Traumhaft, 50 m vom Strand entfernt gelegenes Haus mit einfachen, kleinen Zimmern (Dusche/WC auf dem Gang). Die Zimmer oben sind die schönsten; die Zimmer an der Nordseite blicken aufs Meer, die an der Südseite auf den Wald. Mit nettem **Eetcafé.**

Camping
De Appelhof: Zuid 12 a, Tel. 05 62/44 86 99, Ende April–Anfang Sept.
Sehr schöner, unter Apfelbäumen gegenüber vom Wrakmuseum gelegener Platz mit guter sanitärer Ausstattung. Bei Jugendlichen sehr beliebt. Mit **Kantine/Museumscafé.**

Einkaufen

Cranberry Cultuur Skylge: Formerum 51 a, Tel. 05 62/44 88 00, Ende April–Ende Okt. Mo–Fr 10.30– 12.30, 14–17, Sa 12–16, Führungen (1–1,5 Std.) Mo–Fr um 14 Uhr.
Hier dreht sich alles um Preiselbeeren. Im Verkauf u. a.: Marmelade, Tee, Wein, Likör, Essig, Saft. Zur Geschichte der runden Frucht: Die amerikanischen Preiselbeeren, die überall auf Terschelling gegenwärtig sind, wachsen hier erst seit dem 19. Jh. Ein *strandjutter* soll auf einer Beutetour 1839 ein Fass mit Preiselbeermus aus dem Meer gefischt haben und aus Wut darüber, dass sich keine Schätze – oder Whisky? – darin befanden, den Inhalt in die Dünen geschüttet haben. Zum Glück für die Schylger: Lässt sich doch allerlei aus den Beeren machen.

Buslinie 120 ab der Fähre; s. auch S. 81.

Hoorn (K/L 6)

Hoorn (450 Einw.) mit seiner alten Backsteinkirche und den hübschen Häuschen ist ein sympathisches, kleines Reihendorf, das im Westen fast nahtlos an den Nachbarort Lies (Einkaufsmöglichkeiten) grenzt.

Sehenswert

St. Janskerk: ab Anfang Mai Mi um 10.30 Uhr Kirchenführung, Tel. 05 62/44 92 21.
Die romanisch-gotische Kirche (ca. 1250) ist das älteste Gebäude Schylges. Auffallend schön sind die mit Schiffen verzierten Grabsteine auf dem Friedhof. Südlich der Kirche steht übrigens der letzte Sjouw der Insel, ein hoher Pfahl, der den Bauern signalisierte, wann Zeit fürs Mittagessen bzw. Kühemelken war: Um halb zwölf wurde ein Ball aus Bast heraufgezogen, um halb vier heruntergelasen (heute von Mitte Juni bis Mitte Sept. zu sehen).
De Koegelwieck: s. Tour 4, S. 114f.
Hoornse Bos: s. Tour 4, S. 114f.
Hoorner Kooi: Hoofdweg Richtung Oosterend, nach dem Fußballplatz rechts ab; Führungen sind über den VVV zu buchen.
Mit ihrem kleinen Wäldchen im flachen Polderland gilt die Entenkoje (1655) als die schönste Terschellings.

Sport & Strände

Strand: feinsandig, kinderfreundlich; zwischen Paal 14 und 15 (nicht bewacht, aber mit Notfalltelefon; Pavillon).
Radverleih: Bakker, Dorpsstraat 14, Terpstra, Dorpsstraat 56–92, sowie Ferwerda, Badweg 73.
Manege De Barrage: Dorpsstraat 104, Tel. 05 62/44 83 11.
Reithalle und -unterricht, geführte Ausritte, Tagestouren.
Planwagenfahrten zur Boschplaat/Pferde-/Ponyverleih: Terpstra, Dorpsstraat 20, Tel. 05 62/44 88 37.
Wandern: markierte Route durch den Hoornse Bos (s. Tour 4, S. 114f., blau, 6,2 km, Start am Parkplatz Duinweg/ Hoornse Bos).
Wattwanderungen: Waddenwinkel, Dorpsstraat 18 a, Tel. 05 62/44 80 40.
Außerdem: Wanderungen speziell für Kinder, Spaziergänge in der Dämmerung, *jutters*-Wanderungen.

Einkaufen

De Bijenworf: Lies 36, Lies, Tel. 05 62/44 84 00, Mai–Okt. Mi, Do 14–16.30 Uhr.

Zwar geht es hier um den Verkauf von Honig, Bienenwachskerzen etc., doch sind das kleine Imkereimuseum, der Garten mit den Bienenstöcken und die fachkundige Führung unbedingt auch einfach so den Besuch wert.

Pieter Peit's Hoeve: Lies 24 a, Lies, Tel. 05 62/44 85 01, Mo–Sa 10–12.30, 13.30–18 Uhr, Hofführungen Mo–Fr. Ausgezeichnete Milchprodukte.

Ausgehen

Muziek-Eetcafé De Groene Weide: Dorpsstraat 79–81, Tel. 05 62/44 84 59, www.groeneweide.nl, tgl. 10–2 Uhr. Der bekannte holländische Sänger Hessel betreibt sein gut besuchtes Café seit mehr als 30 Jahren und tritt hier fast allabendlich auf. Im **Eetcafé** (s. auch S. 72) lohnen besonders die Gerichte vom Steingrill (16 €).

Hotel-Pension-Eethuis De Koegelwieck: Dorpsstraat 35, Tel. 05 62/44 94 96, Fax 05 62/44 97 64, www.koegelwieck.nl, DZ 60–75 €, Apartments 165–330 € pro Woche. Zentral an der Dorpsstraat gelegene gemütliche kleine Pension mit gutem **Restaurant** (s. S. 72) und schöner, romantisch gelegener Suite. Alle Zimmer mit Dusche, WC.

De Walvisvaarder: Lies 23, Lies, Tel. 05 62/44 90 00, Fax 05 62/44 86 77, www. walvisvaarder.nl, DZ 66–90 €, HP 100–126 €, Suiten 100–155 €. Uriges Hotel mit offenem Kamin in einem alten Bauernhof sowie mehreren Nebengebäuden im Dörfchen Lies (mit Blick auf Natuurmonument De Koegelwieck). Schön eingerichtete Zimmer; auch für Familien mit Kindern geeignet (spezielle Familienzimmer); mit **Restaurant,** Sauna, Kosmetiksalon, Rädern.

Camping Dennedune: Dorpsstraat 89, Tel. 05 62/44 81 96, Ende April–Sept.

Seebären unter sich …

Von der Bedeutung der ›jutterij‹

Das *jutten* liegt den Bewohnern der Watteninseln von alters her im Blut. Schiere Armut trieb sie einst dazu, bei Sturm zum Strand aufzubrechen und auf Beute zu hoffen. Meist nicht vergebens: In den Gewässern rund um die fünf Inseln sanken seit 1600 ca. 4000 Schiffe. Immer wieder wurden Vorwürfe laut, Schiffe seien wegen am Strand errichteter Leuchtfeuer, die ihnen die falsche Richtung vorgaben, auf Land gelaufen und untergegangen. Auf Terschelling erzählt man sich folgende Legende: Als der Sturm wütete, saßen die Frauen – die Männer waren wie immer längst am Strand – in der Kirche. Der Pastor betete: »Herr, bring alle Seemänner in diesem Sturm sicher heim. Wenn es Dein Wille ist, dass ein Schiff strandet, dann lass es bei uns geschehen.« Und die Frauen riefen im Chor »Amen!« – Die Schylger gelten seit jeher als besonders begeisterte *jutter.* Und noch heute erwacht bei Sturm ihr Jagdtrieb: Nicht umsonst gibt es auf Terschelling prozentual gesehen die meisten 4-Wheel-Drives der Niederlande ...

Kleiner, hübsch am Fuß einer bewaldeten Düne und bereits am Badweg gelegener einfacher Familiencampingplatz.

Eethuis De Koegelwieck: s. S. 71, Mi geschl., Hauptgerichte ab 14 €, Menü 25 €. Liebevoll eingerichtetes Restaurant mit Terrasse. Gekocht wird mit Inselprodukten. Verlassen Sie sich getrost auf die Empfehlung der Köchin. Monatl. wechselndes 3-Gänge-Menü (Saisonküche). Gute französische und südafrikanische Weine. Mit Garten.

De Groene Weide: s. auch S. 71, gute Fleisch-, Fisch- und vegetarische Gerichte, 15–18 €.

Spaans Restaurant De Reis: Dorpsstraat 58, Tel. 05 62/44 84 24, www.tapasopterschelling.nl.
Seit April 2002 logiert das gemütlich-schlichte spanische Restaurant in diesem alten Bauernhaus. 40 stets frisch zubereitete Tapas, Spezialität: Paella, Sangria und Spareribs. Auch geeignet für größere Gruppen.

Buslinie 120 von der Fähre; s. auch S. 81.

Midsland (K 6)

Früher lag der hübsche Ort im Herzen Terschellings, bis die Sandbank Boschplaat an die Insel wuchs (s. Tour 4, S. 114f.). Neben West besitzt er als einziges Dorf der Insel einen richtigen Dorfkern. Hier – und vor allem in den beiden ›Satelliten‹ Midsland-Noord und Midsland aan Zee – konzentriert sich der Fremdenverkehr. In einer Welle schwappen die Gäste tagsüber gen Strand und abends zurück nach Midsland, um hier dann die Nacht zum Tag zu machen.

In den letzten Jahren hat sich das Ortsbild rund um die 1881 erbaute Kirche mit kleinem Friedhof, von der die beiden Amüsier- und Geschäftsstraßen Ooster- und Westerburen abzweigen, stark verändert und wurde zum Zankapfel der (875) Einwohner. Während die einen es sehr hübsch finden, schimpfen die anderen, es habe »Legoland karakter«.

Sehenswert

Oosterburen: In der Hauptstraße finden sich etliche restaurierte alte Giebel

(z. B. Nr. 23). Die Häuser sind älter und inseltypischer als die *commandeurshuisjes* in West: Der Brand im 17. Jh. ließ Midsland unberührt.

Strieper Kerkhof: am Ortsausgang Hoofdweg/Oud Wagenpad; Rundgänge über den VVV buchen.

Auf dem ältesten Friedhof Schylges stehen neben sehr alten Grabsteinen (10. Jh.) die aufwändig gearbeiteten Grabsteine der Walfänger und zweckentfremdete *stoepstenen* (s. S. 77, Commandeurstraat) – Grabsteine waren teuer. Benachbart sind die Grundrisse der fünf ehemaligen Kirchen (ca. 900–1600) an dieser Stelle nachgebildet.

Strieper Wyfke:
am Hoofdweg in Richtung West.

Mit dem kleinen, eher unscheinbaren Frauendenkmal verbindet sich eine alte Legende: Nach der Zerstörung von West waren marodierende Engländer auf dem Weg nach Midsland, als verschwommene Silhouetten in der Ferne sie misstrauisch machten. Auf ihre Frage hin antwortete eine alte Frau: »Da stehen sie zu Hunderten, aber sie liegen dort zu Tausenden.« Gemeint waren die Grabsteine und Gräber, aber die Feinde glaubten, es handele sich um Widerstand leistende Inselbewohner und flohen.

Duinmeertje bei Hee: s. Tour 4, S. 114f.

Sport & Strände

Breiter, feinsandiger und kinderfreundlicher **Strand** in Midsland aan Zee, bei Paal 11 bewacht (Juli/Aug.; Pavillon).

Duinmeertje bei Hee: s. Tour 4, S. 114f.

Schlittschuhbahn: Herenweg Richtung Meer, dann links in den Duinweg abbiegen.

Radverleih:
De Grote, Westerburen 20.

Outdoor Terschelling: Vliegermakerij In de Wolken, Oosterburen 39/41, Tel. 05 62/44 20 38, www.outdoor-terschelling.nl. Mountainbiking, Rafting, Kanutouren, Drachen steigen lassen u. a.

Wandern: Staatsbosbeheer-Route durch das vielfältige Dünengebiet nördl. von Midsland (blau, 4,5 km, Start in Midsland-Noord am Parkplatz beim Freizeitzentrum ET 10).

Ausgehen

Oosterburen ist die Amüsiermeile schlechthin mit Disco, Bar, Billard- und Bruin Café.

Pension De Berg: Zuidmidslandweg 6, Midsland, Tel. 05 62/44 30 00, DZ 46 €. Reizende Pension mit einfachen Zimmern (Dusche/Toilette auf dem Flur). Ihre Vorteile: zentral und ruhig (bis auf das Glockengeläut) gelegen, großer schöner Garten.

Zu empfehlen sind auch die Pensionen **In de Witte Handt** (Westerdam 30, Tel. 05 62/44 89 37, www.indewittehandt.nl, DZ 36–45 €, kein Zuschlag für das EZ, Spezialangebote, großer Garten, Zimmer nach hinten heraus verlangen) und **De Wadvaarder** (Westerburen 30, Tel. 05 62/44 91 01, 54–68 €, ruhig).

Fahrradservice

Im Verein anerkannter Fahrradverleiher haben sich Betriebe zusammengetan, die die Mieträder in allen Orten kostenlos reparieren oder umtauschen. An den Radwegen haben sie Luftpumpen zum allgemeinen Gebrauch installiert.

't Witte Huuske: Oosterburen 1, Midsland, Tel. 05 62/44 86 36, Gerichte ab 14 €.
Essen in einem der ältesten Inselhäuser: drinnen im antik gekachelten Speiseraum, draußen mit Blick auf die Kirche.

Gasterij d'Drie Grapen: Midsland-Noord, Dorreveldweg 2, Tel. 05 62/44 89 75, Küche 15–21 Uhr, A-la-Carte-Gerichte ab 13,50 €, Reservierung erwünscht.
Liebevoll in einer alten Scheune eingerichtetes ›Jutters paleis‹ mit Kamin und anheimelnder Gartenterrasse unter Bäumen. Spezialität: *kip-uit't ruistje*, mit Kräutern langsam gegartes Hühnerfleisch. Große Weinkarte. Schöne Gartenterrasse.

Buslinien 120 und 121 ab der Fähre; s. auch S. 81.

Ziele in der Umgebung

Deich bei Stryp: einer der besten Plätze der Insel, um Vögel zu beobachten.

Oosterend (L 6)

Kurz hinter dem idyllischen Oosterend (123 Einw.), das einst tatsächlich ganz im Osten der Insel lag, endet die Straße für Autos – und es beschleicht einen das Gefühl, man sei am Ende der Welt. Weiter geht es nur mit dem Rad oder zu Fuß. Attraktion des kleinen Dorfes ist seine Lage direkt an Grië und Boschplaat (s. Tour 4, S. 114f.).

Die reiche Garnelenbeute wird später auf dem Festland verkauft

Sport & Strände

Strand: feinsandig, kinderfreundlich; bei Paal 18 (unbewacht, mit Notfalltelefon; Pavillon).

Radverleih: De Boer, Oosterend 8.

Tennisbaan Oost: Bungalowpark Tjermelân, am Hoofdweg kurz vor dem Dorf, Tel. 05 62/44 89 81.

Wandern: geführte Wanderung zur Möwenkolonie in De Boschplaat (1,5 Std.); über VVV reservieren.

Strandpaviljoen Heart Break Hotel: Paal 18, am Ende vom Badweg, Tel. 05 62/44 86 34, www.heartbreak-hotel.nl, Hauptgerichte 13–15 €, Fisch Tagespreis.
Strandpavillon ganz im Stil der 50er Jahre – Elvis lässt grüßen! Wer sich drinnen satt geguckt hat, kann draußen die windgeschützte Terrasse genießen. Amerikanisch-Terschellinger Karte mit u. a. guten Fischgerichten und Hamburgern; Snacks, auch Vegetarisches.

Restaurant De Grië: Oosterend 43, Tel. 05 62/44 84 99, Fax 05 62/44 83 22, A-la-Carte-Gerichte 20 €, Lunchgerichte 8 €, Menü 42,50 €.
Michelin-besternte originelle französische und regionale Küche, serviert unter den dunklen Dachbalken eines alten Bauernhofes oder auf der grandiosen, äußerst beliebten Holzterrasse – besser kann man kaum sitzen. Saisonale Küche; ausgezeichnet: Terschellinger Lammfleisch und Ente.

Buslinie 120 ab der Fähre; s. auch S. 81.

Ziele in der Umgebung

De Grie: zwischen Dwarsdijk und Boschplaat.
Abwechslungsreiche, 2 km lange und 400 m breite Salzwiesenlandschaft, an der das Meer gewaltig genagt hat. Neben kleinen Wäldchen und Erlenanpflanzungen finden sich hier noch vier Entenkojen.
De Boschplaat: s. Tour 4, S. 114f.

Highlight 7

West-Terschelling (J 7)

Die Ankunft in West, wie die Schylger ihr Hauptdorf nennen, ist ein Erlebnis. Der betriebsame Ort (2700 Einw.) mit seinen hübschen Häuschen duckt sich im Schatten des Leuchtturms. Die Restaurants und Cafés in der ersten Reihe sind gut besucht, die Korbstühle draußen besetzt. Jeder will einen Blick auf die Ankommenden werfen. Auch rechts der Fähre bietet sich dem Betrachter ein buntes Bild: Im einzigen Naturhafen Hollands liegen bis zu 400 Schiffe vor Anker. Die Kutter der Garnelenflotte recken ihre Metallarme mit gewaltigen Schleppnetzen hoch in die Luft. Benachbart sind große Jachten und zahlreiche Segelschiffe der Braunen Flotte vertäut. Die Besatzung fläzt sich auf Deck oder Kais, wohl wissend, dass ihre Boote eine kleine Attraktion darstellen. Den Hintergrund bilden mächtige Bojen in Quietschorange, schreiendem Gelb und Knatschgrün.

West liegt im Schutz von Dünen und Wald und ist auch auf (z. T. abgetragenen) Dünen gebaut. Das Dorf wurde, nachdem die Engländer es 1666 niedergebrannt hatten, komplett neu erbaut. Wie reich seine Bewohner einst waren, lässt sich am besten an der Commandeurstraat ablesen. Auch in anderen Straßen sind einige, heute überwiegend liebevoll restaurierte alte Häuser erhalten geblieben, so in Molen- und Willem Barentszstraat.

Sehenswert

Brandaris: An ungewöhnlicher Stelle, nämlich mitten im Dorf, liegt der über den Häusern thronende, wuchtige Leuchtturm Terschellings, der – wohl nach dem irischen Abt Brandan – von allen nur Brandaris genannt wird. Der 55 m hohe viereckige Turm ist übrigens im ganzen Land ein Begriff: Er ist der älteste der Niederlande (1594). Der Brandaris wurde beim Großen Brand von 1666 verschont und versieht nun schon seit vier Jahrhunderten seinen Dienst, inzwischen aufs Modernste ausgerüstet (nicht zu besichtigen).
Doodemanskisten: idyllischer, von Wald umgebener Dünensee im Westen des Dorfes, der wohl einst Seeleuten als letzte Ruhestätte diente.
Seinpaalduin: s. auch Tour 4, S. 114f.
Über Trompstraat (links vom Brandaris) und Duinweg zu erreichen, 5 Min. zu Fuß.
Wie ein Schutzwall umgeben 20 bis mehr als 30 m hohe Dünen das Dorf im Westen. Über Wanderwege und Treppen, flankiert von windschiefen Kiefern, kommt man zur südlichsten Düne mit dem *seinpaal,* dem Signalmasten.
Zeeliedenmonument:
Willem Barentszkade zum Groene Strand folgen, kurz vor Paviljoen De Walvis.
Eindrucksvolles Denkmal (1993), das an alle erinnert, die auf See blieben. Mit hoch geschlagenem Kragen steht die Seemannsfrau da, den Blick starr aufs Meer gerichtet. Trost spendet nur die Inschrift: »Sie sind nicht wirklich tot, sie leben in unserem Herzen weiter.«

Commandeurstraat: Sie erhielt ihren Namen von den vielen prächtigen, backsteinernen Commandeurs-, also Kapitänshäusern, die hier entstanden. Nach Amsterdamer Vorbild mit Treppengiebeln, kunstvollen Friesen, bogenförmigen Verzierungen über Fenstern, Türen und Einfassungen aus roten Steinchen am Fassadenrand. Waren die Kapitäne daheim, hing draußen ein kleiner Anker. Vor etlichen Türen wachen noch die *stoepstenen,* die einst die Grundstücksgrenze markierten. Die hohen, schmalen Kalksteine (fast alle 17. Jh.) sind vielfältig verziert. Andernorts auf der Insel fanden sie Verwendung als Grabsteine.

Het Wakend Oog:
Willem Barentszkade 1.
Das schöne Haus von 1882 diente einst den Seeleuten zum Plausch, die u. a. auf der *leugenbank,* der ›Lügenbank‹, Platz nahmen und ihr Seemannsgarn spannen. Heute ist es als *koffiehuis* jedermann zugänglich. Auffällig: das wachende Auge über dem Eingang.

Museum 't Behouden Huys:
Commandeurstraat 32,
Tel. 05 62/44 23 89,
www.behouden-huys.nl,
1. April–31. Okt. Mo–Fr 10–17,
Sa 13–17, 15. Juni–1. Okt. auch
So 13–17 Uhr.
Stilechter könnte das kulturhistorische Museum der Insel nicht untergebracht sein als in den beiden *commandeurshuisjes* in Wests Paradestraße. Das liebevoll ausgestattete Behouden Huys (benannt nach dem Winterquartier des von Terschelling stammenden Polarreisenden Willem Barentsz auf Nowaja Semlja, 1597) zeigt in zwei *stijlkamers,* wie es im 19. Jh. in den Häusern ausgesehen hat. Neben Ausstellungen zu Schifffahrt, Strandräuberei, Lotsen- und Rettungswesen ist Barentsz eine spezielle Abteilung gewidmet: Schlendern Sie über das (nachgebaute) Zwischendeck des Schiffes, mit dem der Forscher Spitzbergen entdeckte.

Centruum voor Natuur & Landschap, Natuurmuseum & Zeeaquarium: Burgemeester Reedekerstraat 11,
Tel. 05 62/44 23 90,
April–Okt. Mo–Fr 9–17,
Sa, So 14–17,
Nov.–März tgl. 14–17 Uhr.
Das Museum thematisiert Natur, Naturgeschichte und Landschaftsformen der Insel (schönes Gezeitenmodell). Die Ausstellung ist sehr textlastig (überwiegend auf Holländisch), die Aquarien ziehen eher in den Bann. Die meisten Zuschauer versammeln sich ums Rochenbecken: Die glitschigen Meeresbewohner dürfen nämlich gestreichelt werden. Ein Neubau ist übrigens in Planung, wahrscheinlich in Hafennähe und mit der zehnfachen Aquariengröße der heutigen Becken, die insgesamt 100 000 l fassen.

Museum Aike van Stien:
Raadhuisstraat 4, hinter dem
VVV-Gebäude, Tel. 05 62/44 23 90,

Wasserqualität

Rijkswaterstaat, die staatliche Wasserschutzbehörde, gibt aktuelle Berichte zur *zwemwaterkwaliteit* heraus (Tel. 058/234 43 44, 058/234 43 45). Die letzte Überprüfung ergab für acht Wasserproben (Texel, Vlieland, Terschelling-West, Terschelling-Hoorn, Ameland-Hollum, Ameland-Nes, Schiermonnikoog) auf den holländischen Watteninseln die Bestnote ›gut‹. Also: nichts wie ab in die Fluten.

Mo–Sa 10–12.30, 14–18, So nur bis 17 Uhr, im Winter und an Feiertagen geschl., Öffnungszeiten unbedingt tel. abklären!
Kleines, wenig spektakuläres, aber nettes Fischereimuseum mit alten Fotos, Dias, Schiffsmodellen, Gebrauchsgegenständen, Schautafeln.

Sport & Strände

Breiter, feinsandiger und kinderfreundlicher **Strand** in West aan Zee, bei Paal 8 bewacht (Juli/Aug.; mit Pavillon).
Zwemparadijs De Dôbe:
Sportlaan 7, Tel. 05 62/44 22 57.
Subtropisches Schwimmbad (Hallenbad) für Groß und Klein, mit Außenliegeterrasse, Whirlpool, Rutschen, Sauna, türkischem Dampfbad.
Radverleih/Radfahren: Knop, Torenstraat 10–12, Hoofdweg 9, Jonker Watersport, Willem Barentszkade 45, Zeelen, Willem Barentszkade 15.
Ausgezeichnetes, 70 km langes **Radwegenetz** (Infos, Karten, Buchen von organisierten Touren beim VVV).
Reiten: 45 km langes Reitwegenetz; zahlreiche Reitställe.
Kanutouren (auf Nordsee und Wattenmeer): FrisseWind evenementen, Oosterduinstraat 9 a,
Tel. 05 62/44 83 80,
www.frissewind.com.
Strandsegeln: von Mai–Sept. nur zwischen Paal 1 und 8 (Clubhaus Brandaris bei Paal 8, West aan Zee) erlaubt, sonst am ganzen Strand.
Infos: Strandzeilschool Beausi,
Tel. 05 62/44 93 22, www.strandzeilschool.nl, oder FrisseWind (s. o.).
Windsurfen: geschütztes Terrain auf der Plaat östl. von West; Surfstrand am Wattenmeer beim Maritiem Instituut (Richtung Midsland).
Jachthafen: Tel. 05 62/44 33 37.
Tennisbaan West: Sportlaan 2,
Tel. 05 62/44 24 09, 05 62/44 31 68.
Schlittschuhbahn: auf dem Weiler Doodemanskisten (s. S. 76).
Wandern/Führungen: Exkursionen und eine historische Dorfwanderung veranstalten u. a. VVV und Staatsbosbeheer. Die meisten Führungen sind über den VVV zu buchen – bis auf die 2-/6-stdg. Führungen der Terschellinger Natuurtochten kreuz und quer über die Insel (Wadaventura, Torenstraat 36, Tel. 05 62/44 97 17). Zwei markierte Routen: Groene Strand–Doodemanskisten–Seinpaalduin (rot, 4 km, Start am Ende der W. Barentszkade) sowie durch den Wald von West (blau, 6,2 km, Start am Longway am Büro von Staatsbosbeheer).
Wattwanderungen: Infos beim VVV, bei Hilde Meijering, Tel. 030/243 78 26, oder beim Waddenwinkel in Hoorn (s. S. 70.
Fahrt mit dem Garnelenkutter: auf der TS 1 oder 9, unbedingt reservieren, Tel. 05 62/44 31 50, 05 62/44 25 67.
Auf der 2,5–3-stdg. Fahrt werden die Garnelen gefangen, gekocht, gepult und gegessen.
Fahrt zu den Seehundbänken/ Sportfischen: Liegeplatz der Talisman gegenüber vom VVV, Karten dort, an Bord oder über Tel. 44 33 62, www.terschellingrondvaart.nl.
Tagesausflug nach Vlieland:
Rederij Doeksen, W. Barentszkade 21, Tel. 09 00/363 57 36 (nur in den Niederlanden).

Ausgehen

De Walvis: Willem Barentszkade 1, am Groene Strand,
Frühjahr– Herbst tgl. 10–24 Uhr.
Angesagter Strandpavillon mit großer, überdachter Terrasse. Das absolute Plus neben den vielen Cocktails (auch alko-

Lassen es sich gut gehen: Segler der ›Braunen Flotte‹

holfreie) und Bierspezialitäten ist der Blick aufs Meer.

Café-Biljart Lieman:
Westerbuurtstraat 27.
Ältestes Café der Insel mit Billardtisch, hin und wieder Livemusik. An einigen Abenden auch Disco.

Bar Oka 18: Molenstraat 17,
www.oka18.nl.
Gute Kneipe für die etwas Älteren mit Musik ›aus der Konserve‹.

Bar-Dancing De Braskoer:
Torenstraat 32, www.braskoer.nl.
Café (gemischtes Publikum) und Disco (für Jüngere). Häufig Livemusik, in der Saison tgl. DJs, sonst nur am Wochenende.

VVV: Willem Barentszkade 19 a, 8880 AA Terschelling West, Postbus 20,
Tel. 05 62/44 30 00,
Fax 05 62/44 28 75,
www.vvv-terschelling.nl,
Mo–Sa 9–17 Uhr.

Pension De Holland:
Molenstraat 5,
Tel. 05 62/44 88 83, 05 62/44 23 02,
Fax 05 62/44 90 30, DZ 60–100 €.
Fast direkt am Hafen und ruhig gelegene gemütliche Pension, Zimmer z. T. mit Dusche und Balkon; nach den Zimmern mit Hafenblick fragen. Zusatzangebot: Dinner-Service im Restaurant Zeezicht.

Hotel-Café-Restaurant Oepkes:
De Ruyterstraat 3,
Tel. 05 62/44 20 05,
Fax 05 62/44 33 45, www.oepkes.nl,
DZ 82–90 €, HP 120–125 €.
In einer – abgesehen vom Bimmeln der Kirchenglocken – ruhigen Seitenstraße der lebendigen Torenstraat liegt das gemütliche 19-Zimmer-Haus. Alle Zimmer mit Dusche/WC; gutes **Restaurant.** Freier Zugang zum Schwimmbad De Dôbe.

Hotel-Restaurant Nap: Torenstraat 55, Tel. 05 62/44 32 10,
Fax 05 62/44 33 15,
www.hotelnap.nl, DZ 90–150 €,
HP 130–190 €.
Eines der schönsten und ältesten Häuser der Insel liegt am Fuß des Brandaris, den man von der Außenterrasse und von der exklusiven Brandarissuite (mit

Whirlpool) stets fest im Blick hat. Die 33 hellen, komfortablen Zimmer verfügen jeweils über ein Bad mit Dusche und WC; die Budgetzimmer und die ›Kamer 34‹ für Familien liegen in einem Anbau. Mit **Restaurant,** Café, Lounge und Solarium.

Hotel Schylge: Burgemeester van Heusdenweg 37, Tel. 05 62/44 21 11, Fax 05 62/44 28 00, www.westcord.nl/html/Schylge.html, DZ 97–106 €.
Wunderschön in der Bucht von West, am Jachthafen gelegenes luxuriöses, etwas gesichtsloses Golden-Tulip-Hotel mit 90 großzügigen Zimmern und 10 Familiensuiten, die alle Balkon oder Terrasse haben. Mit großem Sport- und Freizeitangebot, Schwimmbad und **Spezialitätenrestaurant.** Ein Traum: die Turmzimmer und die Brautsuite.

Jugendherberge

NJHC-Herberg Terschelling: Burgemeester van Heusdenweg 39, Tel. 05 62/44 23 38, Fax 05 62/44 33 12, www.stayokay.com, Ende April–Okt., sonst an Wochenenden und in den Ferien, ab 43 € (inkl. Frühstück), Schlafsaalbetten ab 18 €.
50 m vom Wattenmeer entfernt liegt das frisch renovierte, moderne Haus mit Schlafsälen und 1- bis 6-Personen-Zimmern, z. T. mit eigenem Bad. Mit **Restaurant,** Bar, Sonnenterrasse und großem Freizeitangebot.

Camping

Camping De Kooi: Hee 9, am Fuß der Arjensdûne, Tel. 05 62/44 27 43, Fax 05 62/44 28 35, Ende April–Mitte Sept.
Großer, schön zwischen Düne und Wald gelegener, schattiger Platz direkt am Badesee mit guter sanitärer Ausstattung, Spielplatz, Laden, Bar und großem Freizeitangebot. 4 km vom Nordseestrand entfernt.

De Dis Broodjes & Salades: Boomstraat 17, Brötchen ab 1,50 €.
Holland ist das Land der belegten *broodjes* – dieses Brötchenparadies hat allein 50 Variationen (kalt oder warm) im Angebot; auch zum Mitnehmen.

Amsterdamsche Koffijhuis: W. Barentszstraat 21, Tel. 05 62/44 27 00, Hauptgerrichte ab 10 €.
Gemütliches *eetcafé* (Tipp: die Käseplatte), in dem man die Zeit vergisst. Allein die Preiselbeer- und Apfelkuchen lohnen den Besuch. Mit Terrasse.

Portugees Restaurant/ Pension Caracol: Molenstraat 7, Tel. 05 62/44 36 94 (nette Pension im Haus), Küche 17–ca. 22 Uhr, Hauptgerichte ab13 €.
Portugiesische und holländische Küche in gemütlicher Atmosphäre; im Sommer ist die kleine, ruhige Terrasse schön. Lecker: *caldeirada,* ein portugiesisches *stoofpotje.* Auch Vegetarisches.

Restaurant Grand Café Zeezicht: W. Barentszkade 20, Tel. 05 62/44 22 68, Menü 15 €, Hauptgerichte ab 13 €, *dagschotel* (Tellergericht) 11,50 €.
Ausgezeichnet essen in der ersten Reihe mit Blick auf den Hafen. Spezialität des gut besuchten Hauses (neben vegetarischen, Lamm- und weiteren Fischgerichten) ist die Seezunge. Geschützte Terrasse.

Hotel-Restaurant Nap: s. S. 79, Lunchgerichte ab 7 €, Menüs 23 €, A-la-Carte-Gerichte 21 €.
Raffinierte Saisonküche, bei der neben Fisch (ausgezeichnet: *vispalet* – Fisch und Krustentiere mit Hummersoße)

Lamm, Meeresfrüchte und Wild die Hauptrolle spielen. Leckere Desserts. Straßenterrasse.

Fähre: 3–6x tgl. Fähr- (ca. 2 Std.) bzw. Schnellbootverbindungen (ca. 50 Min.; keine Mitnahme von Fahrrädern und Pkws) von Harlingen (Karten dort; Tel. aus dem Ausland 00 31/517 49 15 00, Tel. in den Niederlanden 09 00/363 57 36; www.rederij-doeksen.nl).

In West stehen bei Ankunft der Fähre **Taxis** und **Busse** bereit (Linie 120: West–Midsland–Formerum–Hoorn–Oosterend und retour; Linie 121: West–Midsland–Midsland a. Z.–West a. Z.; Nachtbusse wie Linie 120, samstags bis 2 Uhr).

Ziele in der Umgebung

De Noordsvaarder: s. Tour 4, S. 114f.
Aussichtsdüne bei Halfweg: am Hoofdweg links abbiegen.
Arjensdûne: s. Tour 4, S. 114f.

Ameland

Nur 8 km vom Festland entfernt erstreckt sich das lange und schmale Ameland vor der friesischen Küste. Bei klarem Wetter zeichnen sich am Horizont schon beim Ablegen der Fähre die Kirchturmspitzen der Dörfer und das Wahrzeichen der Insel, der rot-weiß geringelte Leuchtturm, ab. Hinterm Deich liegen schnurgerade aufgereiht in fast waagerechter Linie die vier Inseldörfer – drei davon stehen unter Denkmalschutz. Überall in den ziegelsteingepflasterten Sträßchen herrscht dörfliche Idylle. Viele der schön herausgeputzten alten Kommandeurshäuser stammen aus dem 17./18. Jh., der Goldenen Zeit der Handelsseefahrt und des Walfangs, die der Insel stattlichen Wohlstand brachte. Man ist zurückversetzt in frühere Zeiten, wird erinnert an eine geborgene Kindheit, in der eine Schramme am Knie mit guten Worten und einem Glas Milch verarztet wurde.

Die drittgrößte der Watteninseln ist mit 4 km im Westen am breitesten, im Osten sind Nordsee und Wattenmeer hingegen an beinahe jeder Stelle zum Greifen nah. Über die gesamte Länge von 25 km zieht sich im Norden ein pudersandfeiner Strand. Das breite Dünengebiet ist ebenso wie die heute naturbelassenen Wälder von gut ausgezeichneten Wanderwegen durchzogen, und 90 km Radwege führen das *fiets* auch in die entlegensten Inselecken. Auf Ameland haben sich nicht nur ca. 40 % aller in den Niederlanden vorkommenden Pflanzenarten niedergelassen – 14 gehören zu den besonders seltenen –, auch über 50 Vogelarten brüten hier. Das Watt bietet bei Niedrigwasser ein spektakuläres Schauspiel, wenn sich Tausende von Vögeln auf das überreiche Nahrungsangebot stürzen. Zudem ist Ameland die einzige der Watteninseln, auf der Rehe leben. Im Zweiten Weltkrieg siedelte ein Rehbock auf die Insel über, dem die Ameländer bald eine Rehdame zur Seite stellten, um ihn vor der Vereinsamung zu bewahren. Der Grundstein für eine kleine Dynastie, die heute rund 100 Tiere zählt, war gelegt. Im unbewohnten Ostteil der Insel bildet das Oerd, eine sehr alte Dünenlandschaft, zusammen mit der recht jungen Sandebene Hôn ein einzigartiges Naturschutzgebiet.

Ameland, von den Bewohnern ›De ouwe Pôlle‹ (alter Fleck) genannt, blickt auf eine reiche Vergangenheit. Schon Mitte des 8. Jh. sollen hier erste Bewohner gesiedelt haben. Einer Sage nach ist Ameland das Land Forsetis, des

Gottes der Gerechtigkeit, der zwölf Rechtsgelehrten dort das friesische Gesetzbuch diktiert haben soll. Seit 1681 ist die Insel im Besitz des Hauses Oranien, Königin Beatrix trägt u. a. den Titel ›Erbin und Freiin von Ameland‹. Nach Ende des Goldenen Jahrhunderts und der lukrativen Epoche des Walfangs setzte die Inselflucht ein. Bis ca. 1950 lebten die, die ausharrten, mehr schlecht als recht von der Landwirtschaft. Erst der nach Ende des Zweiten Weltkriegs einsetzende Tourismus kurbelte die Wirtschaft wieder an.

Ballum (O 5)

Ballum (350 Einw.) ist das kleinste Inseldorf: wenig touristisch, dafür ruhig und urgemütlich. Die von alten Bäumen gesäumte Hauptstraße, die van Camminghastraat, an der die beiden Kirchen und ein hübscher, von drei Straßen und hohen Ulmen eingefasster Platz liegen, ist nach den ›Herren von Ameland‹ benannt. Die Camminghas (1425–1681) regierten die Insel zwar selbstherrlich, verhalfen ihr aber auch zu großem Ruhm. Damals war Ballum der Hauptort der Insel. Heute steht an

In der Ruhe liegt die Kraft – Amelander Ferienhaus in den Dünen

der Stelle des 1829 abgerissenen Camminghा-Schlosses das Gemeindehaus der Insel, in dem Gebrauchsgegenstände aus dem Schlösschen ausgestellt sind. Jahrhundertealte Commandeurshäuschen, viele von ihnen unter Denkmalschutz, und gepflasterte Straßen verbreiten eine heimelige Atmosphäre.

Sehenswert

Nederlands Hervormde Kerk:
van Camminghastraat;
im Sommer zu besichtigen.
Prunkstück der schlichten Kirche (1832) und schönstes Kunstwerk der Insel ist die prächtige Kanzel, eine Holzschnitzarbeit der Renaissance von 1604. Nahe der Kirche befindet sich ein frei stehender Satteldachturm (1664), der den Seeleuten als Bake zur Orienterung diente.

Sport & Strände

Strand: schöner, 1,5 km vom Ort entfernter Badestrand; im Sommer bei Paal 7 bewacht (Strandpavillon); Baden in Höhe der Sandbank Bornrif verboten.

Freibad St. Recreatie Centra Ameland: Strandweg 20 (Campingplatz Roosdunen),
Tel. 05 19/55 41 34,
15. Mai–15. Sept.
25-m-Becken, 30 m lange Wasserrutsche, Kinderbecken.

Radverleih:
Nobel, van Camminghastraat 20.

Aero Service Ameland:
Flugplatz Ballum, Strandweg 21,
Tel. 05 19/55 46 44, 05 19/55 40 30,
www.rondvluchten-ameland.nl.
Rundflüge, auch Flüge nach Texel.

Paracentrum Ameland:
Flugplatz Ballum, Tel. 05 19/55 48 80,
www.skydive-ameland.nl.
Fallschirmspringen, Kurse und Tandemsprung.

Minigolf/Tennisplätze:
St. Recreatie Centra Ameland, s. o.

Reitställe: De Blinkert, van Camminghastraat 13, Tel. 05 19/55 40 59; Le Cheval, Strandweg 13,
Tel. 02 22/55 49 26; Manege Seelon, Smitteweg 11, Tel. 05 19/55 45 56.
Ponyreiten für Kinder, Planwagenfahrten (außer Manege Seelon), Ausritte und Unterricht.

Planwagenfahrten: Visser,
Smitteweg 6, Tel. 05 19/55 41 97.

Windsurfen: in der Ballumer Bucht.
Fischfang mit dem Schleppnetz: Infos: VVV, Start am Strandzugang (u. U. auch an anderen Stellen des Strandes), Juli/Aug.
Mit einem Schleppnetz werden vom Strand aus Krabben, Schollen, Seesterne und Quallen gefangen, besonders für Kinder ein großer Spaß.
Strandfahrt mit dem Strandexpres: s. S. 117; Abfahrtszeiten beim VVV oder unter Tel. 05 19/55 41 16 erfragen.
Strand- und Muschelexkursion: Infos: VVV, Start beim Strandzugang Ballum, im Juli/Aug.

Einkaufen

Kunst-Antiek-Curiosa Camminghahoeve:
van Camminghastraat 10.
Sammelsurium von Kunst- und Antikgegenständen in urigem, vollgestopftem Haus.
Restaurant Nobel: s. u.
Schön als Souvenir: der nach einem Geheimrezept angesetzte Likör Nobeltje (32 ‰).

Hotel Nobel: Gerrit Kosterweg 16, Tel. 05 19/55 41 57, www.hotel-nobel.com, DZ 80–120 €.
Ruhig und gemütlich im Dorfkern gelegenes Traditionshotel mit 23 stilvoll eingerichteten großen Zimmern (Dusche, WC), Restaurant und Bar. Zimmer im Erdgeschoss mit Terrasse, einige Zimmer mit Whirlpool. Türkisches Dampfbad, Solarium, schöne Terrasse vor dem Haus.
Camping
Camping Roosdunen:
Strandweg 20,
Tel. 05 19/55 41 34,
Fax 05 19/55 44 54,
www.roosdunen.nl, April–Okt.
Zwischen Ort und Strand (ca. 1 km entfernt) gelegen. Gute sanitäre Einrichtungen, Snackbar, Laden, Waschsalon, Minigolf, Tennis, Spielplätze, Freibad. Hunde erlaubt.

Hotel-Restaurant Nobel: s. S. xy, Menüs 34–41 €, Tellergerichte 20–30 €, vegetarische Gerichte um 13 €.
Zum Hotel gehört das schöne A-la-Carte-Restaurant, in dem unterm Kronleuchter Surprise-Menüs mit vier oder fünf Gängen serviert werden. Leckere Tellergerichte, z. B. Kabeljaufilet mit Spinat und Buttersauce mit Pastis. Für Vegetarier gibt es z. B. Lasagne mit Pilzen, Spinat und Ziegenkäse.

s. S. 96.

Ziele in der Umgebung

Streichelzoo Grootslegt:
Pietje Miedeweg 1,
Tel. 05 19/55 43 91,
Mitte April–Ende Okt.
Di–Sa 11.30–16.30 (Fr ab 10),
So 14–17 Uhr, übrige Zeiten erfragen.
Ballumer Bucht: Die Bucht ist heute nur noch Anleger für Freizeitschiffer. Seit 1988 läuft von hier das Rettungsboot aus (s. S. 88, Reddingsmuseum Abraham Fock). 1847 wurde als Küstenschutz ein Steindamm angelegt, der ins Wattenmeer hineinragt. Direkt auf dem Deich blicken die Statuen zweier Deichwächter ängstlich suchend aufs Watt: Symbol für den immerwährenden Kampf gegen das Meer.
Lange Duinen: zwischen Ballum und Hollum an der Nordseeseite liegendes zweigeteiltes Gebiet: im Norden breite Dünen, im Süden ein Sumpfgebiet mit Glockenheide und vereinzelt Orchideen. Ca. 50 Vogelarten brüten hier

(15. März–15. Aug. nicht zugänglich). Radweg längs durch das Gebiet.
Roosduinen: mit blauen Pfählen markierte Wanderroute ab Parkplatz Roosdûnen; am nordöstl. Rand, auf dem Ballumer Stuifdijk, hervorragender Blick über die Insel.
Das schöne Wandergebiet im Nordosten Ballums zeigt mit Dünen, Heidefeldern, Tümpeln und jungen Wäldern Amelands Natur en miniature. Hier wachsen Glockenheide, Rauschbeere und Heidekraut, an den Tümpeln seltene Wasserpflanzen wie brennender Hahnenfuß und Sumpfwegerich. Die namengebenden Dünenrosen sind hingegen fast verschwunden. Die Seen bevölkern Libellen, Salamander und Kröten, auf den Grasflächen verhindern schottische Soay-Schafe das Vergrasen des Gebietes.
Sandbank Bornrif: Durch die Verschiebung der Meeresrinne Borndiep zwischen Terschelling und Ameland hat sich eine ausgedehnte Sandbank gebildet, die wie ein Haken vor dem Strand liegt. Entstanden ist so ein riesiger Binnensee, der bei Flut voll läuft, und gut besucht ist von vielen Vogelarten, selbst Seehunde schauen hin und wieder vorbei.

Buren (Q 5)

Das relativ junge Buren besitzt nicht den charmant-beschaulichen Reiz der übrigen Dörfer. Seit jeher wird das Dorf von Bauernhöfen dominiert, von denen heute viele zu Touristenunterkünften umfunktioniert sind, oft für Gruppen. Obwohl in und um Buren eine Großzahl der Besucher wohnt, sind Geschäfte und Gastronomiebetriebe eher spärlich gesät – wohl wegen der Nähe zum nur gut 1 km entfernten quirligen Nes. Das dörfliche Leben spielt sich entlang des Hoofdweges und des daran anschließenden abknickenden Strandweges ab. Hier liegen Restaurants, Imbissbuden, Hotel und Supermarkt.

Inselhüpfen

Ideal für alle, die nicht nur eine, sondern gleich zwei oder drei Inseln kennen lernen möchten: Der VVV bietet von Juni bis August 7-Tage-Arrangements nach Terschelling-Ameland-Schiermonnikoog, Ameland-Schiermonnikoog und Ameland-Terschelling mit jeweils 2–3 Nächten auf jeder Inseln an. Untergebracht ist man in Hotels (Transfer vom jeweiligen Fähranleger), auf jeder Insel wird ein Mietfahrrad gestellt. Info beim VVV, s. S. 94. Auch auf den anderen Inseln ist das ›Hüpfen‹ möglich: von Texel über Vlieland nach Terschelling und von Vlieland nach Terschelling. Infos bei den jeweiligen VVVs.

Sehenswert

Statue Rixt van Oerd: Auf dem kleinen Dorfplatz erinnert die Figur mit der Hakennase an die tragische Geschichte der alten Fischerswitwe. Mit der Laterne in der Hand lockte sie Schiffe auf den Strand, bis sie eines Tages ihren Sohn unter den ertrunkenen Seemännern fand. Hierüber sei sie wahnsinnig geworden, so die Legende. Noch heute soll sie in Sturmnächten am Strand herumirren.
Landbouw- en jutters-museum Swartwoude: Hoofdweg 1,
Tel. 05 19/54 28 45,
April–Okt. Mo–Fr 10–12, 13–17
(Juli/Aug. durchgehend),

Hauptattraktion, aber selten überfüllt – der Strand auf Ameland

Sa, So 13.30–17, Frühlings- und Weihnachtsferien Mo–Fr 10–12, 13–17, Sa (Weihnachtsferien auch So und feiertags) 13.30–17, übrige Zeit Mi–Sa 13.30–17 Uhr.
Auf dem stilecht hergerichteten Bauernhof aus dem 18. Jh. werden Käse und Butter hergestellt (und verkauft) sowie alte Handwerke vorgeführt. Besonderes Augenmerk legt man auf die Strandräuberei. Ein Teil des Gesammelten ist ausgestellt. Da die Amelander Bauern schwerlich allein von der Landwirtschaft leben konnten, waren sie gleichzeitg Fischer, Jäger, Seemänner – und eben auch Strandräuber. Im Sommer von hier aus Kutschfahrten mit der Jan Plezier (zum Erholungsgebiet De Vleijen, zur Windmühle von Nes oder zur Eendenkooi).

Sport & Strände

Strand: breit, feinsandig, kinderfreundlich; am Ende des Strandweges im Sommer bewacht (Strandpavillon).

Schwimmbad Klein Vaarwater: Klein Vaarwaterweg 114 (Ferienpark Klein Vaarwater), Tel. 05 19/54 21 56. Hallenbad mit 25-m-Becken, Kinderbecken und langer Rutsche. Schön, wenn es mal regnet.
Radverleih: Metz, Strandweg 37, Molenaar, Willibrordusstraat 7.
Tennis, Minigolf, Kegeln/Bowling: Klein Vaarwater, s. o.
Wattwanderungen: Infos beim VVV oder beim Natuurcentrum; Frühjahr–Herbst; Startpunkt der 1,5-stdg. Wanderung am Ende des Reeweges.
Windsurfen: auf dem Wattenmeer, am Ende des Reeweges; unerlässlich: Gummistiefel oder Turnschuhe. Wie ist das Watt entstanden, wer lebt darin und in welchem Maß ist es bedroht? Hier gibt es viele Infos zum Thema Watt. Beim Buddeln im auf den ersten Blick langweiligen Wattboden gerät man ins Staunen.
Windsurfen: auf dem Wattenmeer, am Ende des Reeweges.

Einkaufen

Slijterij De Klok: Hoofdweg 11 (beim Hotel).
Gut sortierte Auswahl an Spirituosen, u.a. Oerder Kräuterbitter.

Hotel De Klok: Hoofdweg 11, Tel. 05 19/54 21 81, Fax 05 19/54 24 97, www.hoteldeklok.nl, DZ ab 76 €.
Mitten im Dorf liegt das einzige Hotel Burens mit 25 großen, modernen Zimmern. Neben Sauna und Bar gehören Café und A-la-Carte-**Restaurant** (gehobene Preisklasse) zum Familienhotel; belebte Sonnenterrasse. Ruhigere Zimmer nach hinten heraus.

Camping
De Kiekduun: Strandweg 65, Tel. 05 19/54 23 89, Fax 05 19/54 29 95, www.kiekduun.nl, ganzjährig.
Platz unweit vom Nordseestrand hinter den Dünen. 10 Min. zu Fuß bis zum Dorf. Sauna, Supermarkt, Restaurant mit guten Steaks, Vermietung von Caravans.

Recreatieoord Klein Vaarwater: Klein Vaarwaterweg 114, Tel. 05 19/54 21 56, Fax 05 19/54 26 55, www.kleinvaarwater.nl, ganzjährig.
Größter Platz der Insel direkt hinter den Dünen, ca. 1 km zum Strand. Hervorragende Ausstattung: gute santäre Einrichtungen, Restaurant, Café, Imbiss, Supermarkt, vielfältige Freizeitmöglichkeiten, Hallenbad. Besonders attraktiv für Familien mit Kindern. Vermietung von Caravans und Ferienhäusern (einige mit eigenem Schwimmbad).

De Viool: Strandweg 24, Tel. 05 19/54 20 57, Pfannkuchen ab 5 €, Hauptgerichte ab 10 €.
Gut besuchtes Restaurant mit gemütlicher, überdachter Terrasse. Leckere Amelander Brotmahlzeit, viele Fisch- und Fleischspezialitäten, große Auswahl an Pfannkuchen, auch mit Vollkornmehl.

Pizzeria De Branding: Strandweg 42, Tel. 05 19/54 22 01, Pizza ab 5 €, Pasta um 10 €.
In der Nähe der Campingplätze gelegen und von Jugendlichen gut besucht. Gute Pizza und Pasta.

s. S. 96.

Ziele in der Umgebung

Strandfahrt mit Strandexpres und Traktor: s. Tour 5, S. 116f.
Entenfang: s. Tour 5, S. 116f.
Buresteiger: Südlich von Buren, am Ende des Reeweges, liegt die ehemalige Anlegestelle für Fischer und Binnenschiffer, heute beliebter Angelplatz. Schöner Blick zum Festland, auf dem Deich Tafel mit kulturhistorischen Informationen (Infobroschüre beim VVV).

Highlight 8

Het Oerd und De Hôn: s. Tour 5, S. 116f.
Die unberührte Landschaft im Osten der Insel Ameland ist Brutplatz für rund 60 Vogelarten und bei Hochwasser Zufluchtsort für Tausende von Watvögeln. Am bequemsten mit dem Strandexpres oder auf dem Traktoranhänger zu besuchen.

Hollum (O 5)

Das größte und westlichste Inseldorf (1200 Einw.) wetteifert mit dem benachbarten Ballum um den Titel des schönsten Ortes. Beherrscht wird die Silhouette von der stattlichen Nederlands Hervormde Kerk, der zu Füßen hübsche alte, grün umzäunte Häuser und ziegelsteingepflasterte Sträßchen liegen. Obwohl Hollum neben Nes das Touristenzentrum der Insel ist, seine Restaurant- und Caféterrassen gut besucht sind, ist überall die Atmosphäre vergangener Jahrhunderte zu spüren. Zu den schönsten Straßen der Insel gehören die Baumalleen Oosterlaan und Burenlaan, flankiert von gemütlichen Commandeurshäuschen aus dem 17./18. Jh. Das Wahrzeichen von Dorf und Insel ragt nordwestlich Hollums am Saum des Waldes in die Höhe: der rot weiß geringelte Leuchtturm, von jedem Punkt der Insel aus sichtbar und der schönste *vuurtoren* der fünf Watteninseln.

Sehenswert

Friedhof: Ned. Hervormde Kerk, Oosterlaan/Burenlaan.
Friedhof mit Grabsteinen von Walfängern und Handelsschifffahrern, häufig mit eingemeißelten Meeresszenen. Zu den schönsten Steinen gehört der des 1790 verstorbenen Commandeurs Hans Barends.

De Verwachting:
Kornmühle am Molenweg,
Tel. 05 19/54 27 37,
Mo–Fr 9.30–12, 13.30–16.30 Uhr,
im Sommer auch deutschsprachige Führungen.
Von 1840 bis 1949 drehte hier bereits die alte Mühle ihre Flügel. Ihr Abriss ging den Hollumern so zu Herzen, dass sie 1988 ein ebenso altes Exemplar auf die Insel schafften und auf denselben Namen tauften.

Johann Bakkerstraat 6: ältestes Haus der Insel von 1516.

Cultuur-historischmuseum Sorgdrager: Herenweg 1, Tel. 02 22/55 44 77, www.amelandermusea.nl, Öffnungszeiten wie Landbouw -en juttersmuseum Buren (s. S. 85).
Startpunkt der kulturhistorischen Dorfwanderung.
Ein Teil des Heimatmuseums ist in der Commandeurswohnung der Familie Sorgdrager untergebracht. Im stilecht eingerichteten Wohnzimmer mit traditionell gekachelten Wänden wird man in die Amelander Alltagswelt um 1750 zurückversetzt. Trachten, Volkskunst, Funde aus dem Cammingha-Schloss und dem vom Meer verschluckten Dorf Sier, Wechselausstellungen übers Inselleben, Diavortrag über Geschichte und Kultur der Insel. Im Museumsbauernhof Darstellung des Amelander Lebens quer durch die Geschichte: von Landwirtschaft und Fischerei über Handelsschifffahrt und Walfang bis zum Rettungswesen.

Reddingsmuseum Abraham Fock: Oranjeweg 12, Tel. 05 19/55 42 43, www.amelandermusea.nl, Öffnungszeiten wie Landbouw -en juttersmuseum Buren (s. S. 85).
Hier war bis 1988 die Rettungsstation mit dem von Pferden zu Wasser gelassenen Boot Abraham Fock untergebracht. Seither tut ein modernes Motorboot seinen Dienst. Anhand von Fotos, Dokumenten und Filmvorführungen wird das Amelander Rettungswesen seit 1824 thematisiert.

Sport & Strände

Strand: breit, feinsandig; im Sommer am Ende des Oranjeweges bewacht, Strandpavillon.

Radverleih: u. a. Faber, beim Erholungszentrum Boomhiemke, Jan Roepespad 4; Visser, Oranjeweg 28, Nobel, Yme Dûneweg.
Reiten: De Boer, Oranjeweg 20, Tel. 05 19/55 42 45.
Planwagenfahrten: Bunicich, Reddingbootweg 6, Tel. 05 19/55 44 37.
Zilverberg-Erholungszentrum Boomhiemke: Jan Roepespad 4. Minigolf, Sauna, Solarium, Bowling.
Golf: D'Amelander Duinen, Oosterhiemweg 1, Tel. 05 19/55 42 19. Schön gelegener 9-Loch-Platz.
Catamaran Club Ameland: Badweg 14, Tel. 05 19/55 45 89. Katamaransegeln am Strand.
Wattwandern: Startpunkt der 1,5-stdg. Wanderung am Ende des Pietje Miedeweges; Frühjahr bis Herbst. Gummistiefel oder Sportschuhe sind unerlässlich. Infos beim VVV.
Kulturhistorische Führung durch Hollum: 1,5 Std., s. S. 88.

Ausgehen

Muziek Café Bloody Mary: Oranjeweg 12, Tel. 05 19/55 66 05, www.bloodymary.nl.
Typische Braune Kneipe mit Snacks und einem kühlen Bier und Internetcafé, Darts.
Bar De Griffel: s. S. 91.
Beliebter Treffpunkt mit Musik, Billard und kleinen ›Nachthappen‹.

Einkaufen

Schafmolkerei De Sûd Himmerik hoeve: Lombokweg 2, Tel. 05 19/55 48 11, April–Okt.
Schafskäseverkauf. Beim Schafemelken (ca. 17 Uhr) und bei der Produktion kann zugesehen werden.
Käserei Ameland: Pietje Miedeweg 6, Tel. 05 19/55 44 59; Termine für Führungen unter o. a. Telefonnummer oder beim VVV erfragen.
Herstellung verschiedener Bauernkäse, z. B. mit Knoblauch-Zwiebeln, Brennnessel oder Kümmel-Curry.
Fischhändler Metz: Oranjeweg 13. Verkauf u. a. von in Buren gezüchtetem afrikanischen Wels. Fisch in allen Variationen: geräuchert, frittiert, gebacken, mariniert und natürlich frisch.
Atelier de Mispel: Oranjeweg 4. U. a. Amelander Volksmalerei.

VVV: Fabrieksweg 6, Tel. 02 22/54 65 46, Fax 05 19/54 65 47, www.ameland.nl, April–Okt. Mo–Fr 9–12, 14–17.30, Sa 10–12, Nov.–März Mo–Fr 10–12, 15–17.30, Sa 10–12 Uhr.

Hotel/Pension Ambla: Westerlaan 33, Tel. 05 19/55 45 37, Fax 05 19/55 45 37, www.ambla.nl, DZ 64–86 €.
Kleines Haus am Dorfrand mit Blick über Wiesen. Einige der 9 Zimmer haben Balkon oder Terrasse, alle mit Dusche, WC. Frühstücksbuffet.
Resort Hotel D'Amelander Kaap: Oosterhiemweg 1, Tel. 05 19/55 46 46, www.amelander-kaap.nl, DZ 100–110 €, Apartments (4–6 Pers./Woche) 301–644 €, Spezialarrangements erfragen.
Zwischen Dorf und Dünen liegt die große Anlage mit nett eingerichteten 40 Hotelzimmern und 136 Apartments. Das Innere steht in krassem Gegensatz zum wenig ansprechenden Äußeren. Ausgezeichnete Adresse für Sportbegeisterte (Tennis, Squash, Hallenbad,

Golfplatz in unmittelbarer Nähe). **Restaurant,** Café, Bar, Spielplatz, Babysitter-Service, Ferien-Freizeitprogramm für Kinder.

Jugendherberge Waddencentrum Ameland: Oranjeweg 59 (in Leuchtturmnähe), Tel. 05 19/55 53 53, Fax 05 19/55 53 55, www.stayokay.com, ganzjährig für Gruppen, Einzelpersonen Zeiten erfragen, 2-Bettzimmer 45–56 €, 4-Bettzimmer 77–100 €, im Schlafsaal pro Bett 19–24 €, einschl. Frühstück, Bettwäsche und Kurtaxe, mit internat. Jugendherbergsausweis 2,50 € Ermäßigung pro Pers. und Nacht. Neue, komfortable Jugendherberge in den Dünen, in Fußnähe zum Strand. Alle 36 Zimmer für 2, 4 oder 6 Pers. mit Dusche, WC. Kinderfreundlich, mit jeder Menge Platz. Restaurant, Bar und Radverleih.

Camping Koudenburg: Oosterhiemweg 2, Tel. 05 19/55 43 67, Fax 05 19/55 44 50, www.koudenburg.nl. Kleiner Platz an Dünensaum und Naturgebiet, 2 km zum Badestrand, 1 km zum Dorf. Ausgestattet mit irischem Pub, Snackbar, Sauna, Tennis- und Spielplatz; Golfplatz nebenan; 250 m bis zum Supermarkt. Verleih von Fahrrädern, Vermietung von Caravans.

Pannekoekhuis Onder de Vuurtoren: Oranjeweg 44, Tel. 05 19/55 40 69, Pfannkuchen ab 4 €, Fisch- und Fleischgerichte ab 10 €. Beliebtes Ausflugslokal im Schatten des Leuchtturms mit teilweise überdachter und beheizter Terrasse. Spielplatz mit Booten und Mini-Kinderbauernhof. Nicht weniger als 250 köstliche Pfannkuchensorten, z. B. *vuurtorenpannekoek* oder *jutterspannekoek,* aber auch Fleisch- und Fischgerichte, Snacks.

Pizzeria Il Vulcano: Schoolstraat 8, Tel. 05 19/55 41 64, in den Sommerferien tgl. 12–22, sonst 16–22 Uhr, Pizza 5,50–12 €, Pasta 8–11 €. Freundliches, mediterran angehauchtes Lokal mit kleiner, hübsch möblierter Terrasse zur Straßenseite. Pizza, Pasta und Salate. Gerichte auch zum Mitnehmen.

Herberg De Zwaan: Zwaneplein 6, Tel. 05 19/55 40 02, Hauptgerichte (auch vegetarisch) 16–23 €. Stattliches altes Haus mit heimeliger Atmosphäre im Zentrum, besonders schön: das Herrenzimmer. Originelle Speisekarte, auf der z. B. ›gebackener Seeteufel, tiefseetauchend in einer Petersiliensauce‹ zu finden ist.

De Griffel: Burenlaan 41, Tel. 02 22/55 41 35, tgl. geöffnet, ganzjährig, Hauptgerichte ab 12 €. Alte Schule mit verglaster Veranda und Terrasse: Kleine Details und die Speisekarte auf einer Schiefertafel erinnern an die Vergangenheit des Hauses. Tipp: nach einem Geheimrezept marinierte Steakgerichte.

s. S. 96.

Ziele in der Umgebung

De Schelpenpôlle: Der ›Muschelfleck‹, das Deichvorland nordöstlich von Hollum, ist bei Hochwasser einer der wichtigsten Zufluchtsorte für zahllose Watvögel wie Austernfischer und Uferschnepfen. Im Sommer kann man vom Deich aus Brutvögel beobachten.

Spazieren gehen tut bei jedem Wetter gut – hier am Hollumer Strand

Rietplak: nördl. von Hollum; schöne Wanderung vom Ende des Jan Roepepad über Herderpad und Rietpad durch das sumpfige Naturschutzgebiet Rietplak.
Auf Ameland werden jedes Jahr ungefähr 35 km Schilf und Reisig als Schutzschirme und Sandbefestigung gesetzt. Über den Rietpad wird das hier geschnittene Schilf (Ried) transportiert. Südlich vom Rietpad liegt die Engelsmanduin, ein hervorragender Aussichtspunkt. Der schmale Finnegatpad (biegt vom Rietpad Richtung Strand ab) ist ein reizvoller Weg durchs Naturschutzgebiet.
Paardengraf: südwestlich von Hollum, nahe des Tjettepads.
Das Denkmal – es zeigt das von Pferden gezogene Rettungsboot – erinnert an den schwarzen Tag des Amelander Rettungswesens. Am 14. August 1979 ertranken acht der zehn Pferde beim Versuch, eine in Seenot geratene Jacht zu retten.
Siermoaispad: Westlich vom Dorf hat man oben auf der Düne einen guten Blick auf die Meerenge zwischen Ameland und Terschelling, das 27 m tiefe, wegen der Strömungen lebensgefährliche Borndiep, auch ›Amelander Gatt‹ genannt. Bis zum 18. Jh. lag auf dem Strand das Dorf Sier, das vollständig vom Sand verweht wurde.

Attraktion am Strand

Fast jeden Monat (ein- bis zweimal, je nach Saison) wird das alte Ameländer Rettungsboot am Hollumer Strand (südwestlich vom Dorf, am Ende des Tjettepads) von zehn Pferden mit großem Getöse ins Meer gezogen – ein beeindruckendes Spektakel für Schaulustige. Lediglich beim Mittsommerfest findet das Schauspiel in Buren statt. Infos: Museum oder VVV (s. S. 94).

Highlight 9

Leuchtturm: Der rot-weiß gestreifte Bilderbuch-Leuchtturm (1880) liegt idyllisch am Rand der Dünen und des Hollumer Waldes. Die 236 Stufen des 58 m hohen gusseisernen Turms können z. Zt. nicht erklommen werden – schade, hatte man doch einen weiten Blick von der Aussichtsplattform.

Nes (P 5)

Nur wenige hundert Meter vom Fähranleger entfernt ist der Hauptort Nes das Einfallstor zur Insel, was nicht spurlos an ihm vorbeigegangen ist. Dennoch hat Nes es geschafft, sich seinen liebenswerten dörflichen Charakter weitestgehend zu bewahren. Cafés, Restaurants, Hotels und Boutiquen stehen einvernehmlich neben jahrhundertealten Commandeurshäusern, und rund um den restaurierten Kerkplein fühlt man sich außerhalb der Saison in vergangene Zeiten zurückversetzt. Im Sommer allerdings ist Nes bunt und quirlig, und die Gäste strömen von früh bis in die Nacht durch die Van Heeckerenstraat, die Hauptmeile.

Sehenswert

St. Clemenskerk:
Kardinaal de Jongweg.
Der Backsteinbau mit schönem Schieferdach (1878), entworfen vom Architekten des Amsterdamer Reichsmu-

seums, Pierre Cuypers, ist den norwegischen Stabkirchen nachempfunden. Im Inneren gusseiserne Kreuzwegstation des deutschen Bildhauers Keller.
Nessumer Turm: Torenstraat.
Frei stehender Turm unweit des Kerkplein, der seit dem frühen 18. Jh. als Seebake diente.
Rixt van Doniaweg 8: Eines der ältesten Häuser der Insel (1625) mit hübschem geschweiften Giebel.
Mühle De Phenix: Molenweg, Tel. 05 19/54 27 37, Di–Fr (außerhalb der Saison auch Mo) 10–12, 13–17, im Sommer auch Sa 13–17 Uhr, im Sommer auch deutschsprachige Führungen.
Sorgfältig renovierte Getreide- und Graupenmühle, die zeitweilig in Betrieb genommen wird und die Inselbäcker dann mit Mehl fürs leckere *molenbrood* versorgt.
Natuurcentrum: Strandweg 38, Tel. 05 19/54 27 37, www.amelandermusea.nl, Juli/Aug. Mo–Fr 10–19, Sa (Weihnachtsferien auch So/feiertags) 13–17, Jan.–März, Nov.–Weihnachtsferien Mi–Sa 13–17, April–Juni, Sept., Okt. Mo–Fr 10–17, Sa, So 13–17 Uhr. Cafeteria.
Neben der auch für Kinder spannenden Dauerausstellung – Entstehung der Insel, Flora, Fauna, Landschaftsformen – stehen Pottwale im Mittelpunkt (vollständiges Skelett eines gestrandeten Wals, Replik eines Blauwals). Die Kinder-Attraktion ist das große Seeaquarium. An einigen Tagen (tel. erfragen) kann der Fütterung der Fische zugesehen werden. Gut gemacht: In einem unterirdischen Tunnel gibt es eine Nordseeausstellung über die Entwicklung Amelands in den letzten 100 000 Jahren. Das Museum organisiert zahlreiche Wanderungen und Exkursionen.

Sport & Strände

Strand: feinsandig, kinderfreundlich, im Sommer bei Paal 13 bewacht, Pavillon.
Radverleih: Kiewit, Marten Janszenstraat 6, Jan van Eyckweg 4 (Campingplatz Duinoord) und am Fähranleger, Nobel, Strandweg 10.
Jachthafen: Oude Steiger 3, Tel. 05 19/54 21 59.
Angeln: MS Bruinvis, Tel. 06/20 44 24 23, www.bruinvis.nl.
Sportfischen auf dem Wattenmeer, auch Fahrten zu den Seehund- und Muschelbänken.
Reiten: Manege 't Jutterspad, Molenweg 9, Tel. 05 19/54 28 71.
Strandexpres: s. S. 117.
Windsurfen: westl. vom Fähranleger.

Ausgehen

Discos: Dug-out, Kerkplein 3, Tel. 05 19/54 24 84, im Sommer Mi–So ab 16 Uhr, in der übrigen Zeit abweichende Öffnungszeiten; De Swinging Mill, Molenweg 12, Tel. 05 19/54 20 89; De Lichtboei, Strandweg 41, Tel. 05 19/54 24 96, Ostern–Okt. tgl. 22–4, Nov.–Ostern am Wochenende und in den Ferien. Einlass in den Discos nur bis 1.30 Uhr.
Nescafé: s. S. 96, Einlass bis 1.30, geöffnet bis 4 Uhr.
An der Bar gibt's bei guter Musik 40 verschiedene Biersorten.
Café De Herberg: Reeweg 28, Tel 05 19/54 26 38, www.cafedeherberg.nl.
Billard, Darts und ein kühles Bier an der Theke.

Einkaufen

Brouwer's Delikatessen:
Torenstraat 28 a,
Tel. 05 19/54 22 20.

Sehr gutes, umfangreiches Angebot von Käsespezialitäten; Wein.
Fischhandlung Metz: Reeweg 27. Fisch in allen Variationen. Auch Imbiss.
Slijterij De Jong: Rixt van Doniastraat 1, Tel 05 19/54 22 24. Amelander Kräuterbitter, Weine, Liköre und anderes.
Galerie De Oude School: Rixt van Doniastraat 16, Tel. 05 19/54 28 23. Im klassizistischen ehemaligen Schulgebäude werden Schmuck (z. B. aus Südafrika), Kunsthandwerk, Mineralien und Edelsteine angeboten; Wechselausstellungen zeitgenössischer Maler.

VVV: Bureweg 2, Tel. 05 19/54 65 46, Fax 05 19/54 65 47, www.ameland.nl, Mo–Fr 9–12.30, 13.30–18, Sa 10–15.30 Uhr (Nov.–März Sa 10–15 Uhr).

Hotel Bos- en Duinzicht: Strandweg 27, Tel. 05 19/54 23 68, Fax 05 19/54 30 39, www.ameland.net, DZ 84–95 €. In Fußnähe zu Strand, Wald und Dorf, ruhig gelegenes Familienhotel mit gemütlichen Zimmern (Bad/Dusche, WC); gute **niederländische Küche;** Bar, Terrasse, Liegewiese.
Hotel De Jong: Reeweg 29, Tel. 05 19/54 20 16, DZ 68–95 €.

Fietspompen-service

Reifen platt und keine Fahrradpumpe? Entlang der Radwege finden sich an vielen Stellen fest installierte Pumpen, gekennzeichnet durch ein Schild mit einem blauen Seehund auf einem Fahrradlenker.

Hier ist man mittendrin: kleines Hotel (12 DZ) mit gutem **Restaurant** (u. a. Amelander Spezialitäten, Saison-Menüs); einige Zimmer mit Dusche/Bad, WC.
Hotel Noordsee: Strandweg 42, Tel. 05 19/54 66 00, www.westcordhotels.nl, DZ 110–141 €, Apartments (bis 4 Pers.) 62–125 €. Zwischen Dorf und Strand (1 km) gelegene Golden-Tulip-Luxusherberge mit allem Komfort: alle 78 großzügigen Zimmer (davon 24 Suiten mit zusätzlichem Wohnzimmer) und 30 Familienapartments mit offener Küche, Essecke, Dusche, WC, Balkon oder Terrasse. Café, **Restaurant,** Hallenbad, Sauna, Solarium.
Camping
Duinoord: Jan van Eyckweg 4, Tel. 05 19/54 20 70, Fax 05 19/54 21 46, www.duinoord.net, April–Okt. Großer, gut ausgestatteter Platz am Strand. Laden, Restaurant, Snackbar, zahlreiche Sportmöglichkeiten. Ein Teil des Platzes ist nur für Jugendliche reserviert, schön auch für Familien.

Pizzeria San Remo: Ballumerweg 3, Tel. 05 19/54 27 20, Pizza/Pasta 6–12 €, Fisch- und Fleischgerichte 12–20 €. Sehr leckere Pizza und andere italienische Spezialitäten in den gemütlichen Nischen eines umgebauten Stalls. Schöne Terrasse hinterm Restaurant.
Grand Café-Restaurant van Heeckeren: van Heeckerenstraat/ Kerkplein 6, Tel. 05 19/55 44 50,

Der Müller der Hollumer Mühle versorgt die Inselbäckereien mit Mehl fürs leckere ›molenbrood‹

www.vanheeckeren.com,
Fisch- und Fleischspezialitäten 18–23 €,
Vegetarisches ab 10 €,
Kindergerichte ab 5,50 €.
In stilvoller mediterraner Atmosphäre wird abwechslungsreiche Saisonküche serviert. Schöne große Terrasse.

Café-Restaurant Nescafé:
van Heeckerenstraat 10,
Tel. 05 19/54 27 60,
Fleischgerichte 13–22 €,
Fischgerichte um 16 €,
Vegetarisches 14 €.
Gute niederländische Saisonküche mit Fischspezialitäten, Lamm und Steak direkt an der Hauptmeile; mit beheizter Terrasse.

Het witte Paard: Torenhoogte 5,
Tel. 05 19/54 22 09,
www.hetwittepaardameland.nl,
Fischgerichte 15–22 €,
Fleischgerichte 14–20 €,
Vegetarisches 12,50 €.
Reservierung erwünscht.
Mehrfach ausgezeichnetes Steakhouse im Schatten des alten Dorfturms in einem gemütlichen Gebäude von 1734. Auch Saisonküche z. B. mit Lammfleisch, Wild, Muscheln und Spargel. Raffinierte Fisch- und Fleischgerichte, auch Vegetarisches.

Fähre: 4–14x tgl. (im Sommer Fr, Sa stdl.) Verbindung (ca. 45 Min.) von Holwerd (Verkaufsschalter dort; Tel. Pkw-Reservierung 05 19/54 61 11, Hotline Reederei Wagenborg, Infos Abfahrtszeiten, Tel. 09 00/455 44 55, www.wpd.nl).
Taxis und **Busse** stehen bei Ankunft der Fähre bereit.

Ziele in der Umgebung

Hasenspurroute: Start hinterm Zwembad Aqua Plaza (Molenweg). Mit grünen Hasenpfoten auf weißen Tafeln gekennzeichneter Weg. Schöner Waldspaziergang mit Infotafeln zum Gebiet.

Exkursion zwischen Watt und Strand: 1,5-stdg. geführte Fahrradtour rund um Nes, bei der alle Landschaftstypen der Insel angesteuert werden. Infos: Natuurcentrum (s. S. 93) oder VVV (s. S. 94).

Exkursion Wald und Dünen: 1,5-stdg. Wanderung durch Kwekerijbos (Wald) und Hagedoornveld, ein Naturschutz- und Vogelbrutgebiet aus jungen Dünen und feuchten Tälern. Infos: Natuurcentrum (s. S. 93) oder VVV (s. S. 94).

Kutterfahrten zu Robben- und Muschelbänken:
Start am Fähranleger, mit der Zeehond (Tel. 05 19/55 46 00, Fahrpläne in vielen Geschäften), der Ameland Waddentravel (Tel. 05 19/54 21 66) oder der Bruinvis (Tel. 06/20 44 24 23); Infos auch beim VVV.

Tagestouren auf die Nachbarinseln: Ameland Waddentravel,
Tel. 05 19/54 21 66,
www.waddentravel.com,
nach Terschelling und Schiermonnikoog, ab Fähranleger.

Highlight 10

De Vleyen: weitläufiges Erholungsgebiet/Abenteuerspielplatz nordöstl. von Nes. Schön für Kinder!
Auf ca. 15 ha Spiel- und Sportmöglichkeiten: Teiche zum Paddeln, Kanufahren und Angeln, Spielplätze verbunden durch Bogen- und Hängebrücken, Insel mit Ritterburg. Liegewiesen, Picknickplätze, Hütten, Toiletten.

Schiermonnikoog

Die ›Insel der grauen Mönche‹ fährt mit Superlativen auf: Sie ist die westlichste, die ursprünglichste und mit ca. 17 km Länge und max. 4 km Breite auch die kleinste der holländischen Watteninseln. Gerade einmal 1000 Einwohner machen sie zudem zur kleinsten Gemeinde Hollands. Vielen Gästen gilt sie als die charmanteste Insel im Kranz ihrer Schwestern. Und auch vom schönsten Strand Europas ist immer wieder die Rede. Lang ist er jedenfalls, 16 km, und breit auch, oft mehr als 1 km.

Zu drei Vierteln ist Schiermonnikoog als Nationaal Park geschützt. Rund 5400 ha umfasst das urwüchsige, abwechslungsreiche Naturschutzgebiet: gewaltige Salzwiesen und Dünenketten, Strand, Watt und eine einzigartige Flora. Die Hälfte aller in den Niederlanden vorkommenden Pflanzen gedeiht hier. Vom 15. April bis 15. Juli sind die Salzwiesen im Osten übrigens nur im Rahmen von Führungen zugänglich, damit die Vögel ungestört brüten können. Nur wenige Pfade erschließen dieses Gebiet überhaupt.

Trotz all seiner Superlative und der 300 000 Besucher im Jahr ist Schiermonnikoog ein gemütliches Feriendomizil geblieben. Die Ruhe tut gut: Auf den wenigen Straßen dürfen nur die Inselbewohner herumkurven, Gästen bleibt allein das Fahrrad. Und wie auf Vlieland gibt es auch auf Schiermonnikoog nur einen Ort.

Schiermonnikoog besitzt das verhältnismäßig größte Dünengebiet der niederländischen Watteninseln und ist eines der wenigen europäischen Gebiete, wo noch natürlich geformte Dünen entstehen. Hier wächst eine besondere Flora – so die Binsenquecke, auch ›Dünenbauer‹ genannt. Ihre weit verzweigten Wurzeln graben sich, ähnlich wie Helmgras und Strandhafer, durch den Sand, um das spärliche Süßwasser zu erreichen. Die Binsenquecke, die immer wieder zuweht und sich ebenso sicher wieder nach oben arbeitet, hält so eine Menge Sand fest. Im größten Dünengebiet Schiermonnikoogs, den Westerduinen, lassen sich verschiedenste Dünentypen gut erkennen. Noch etwas unterscheidet die hiesigen Dünengebiete von denen der übrigen Watteninseln: Sie sind (fast überall) frei zugänglich – nirgends ist eine Abgrenzung zu sehen. Damit es so bleibt, sollten Besucher nicht auf den Dünen herumklettern, möglichst auf den Wegen bleiben und hier auch nicht graben.

Die Insel, von den Schiersen – so heißen die Insulaner – liebevoll ›lytje pole‹ (dt.: kleine Insel) genannt, erlebte eine bewegte Geschichte, ging quasi von Hand zu Hand, um schließlich im Besitz eines Deutschen zu landen. Schiermonnikoog, das immer recht gut vom Meer lebte, ja in der ersten Hälfte des 18. Jh. gar eine Fischereiflotte mit mehr als 100 Kuttern sein eigen nannte, wurde über mehrere Jahrhunderte wie ein Großgrundbesitz geführt. Am längsten gehörte es der Familie Stachouwer (1640–1859), um dann in den Besitz von John Eric Banck überzugehen, dem u. a. die eingepolderten Gebiete im Süden der Insel zu verdanken sind. Die so genannten Bancks Polder erlauben sieben Bauernhöfen bis heute ein geregeltes Auskommen. Banck unternahm auch die ersten Anstrengungen, Urlauber auf die Insel zu holen. Doch erst unter seinen Nachfolgern, den deutschen Grafen von Bernstorff (1892–1945), erlebte der Tourismus seine Blütezeit. Zum Glück für die Inselbewohner, denn die Fanggründe rund um Schiermonnik-

Wer im Graaf Bernstorff absteigt, wird im knallroten Bus chauffiert

oog waren längst leer gefischt, viele Familien abgewandert. Die Tourismusbranche boomt bis heute, wobei Schiermonnikoog wohl diejenige unter den Watteninseln ist, die weitestgehend von negativen Folgen des zunehmenden Fremdenverkehrs verschont blieb.

Highlight 11

Schiermonnikoog (U 4)

Der Ort mit seinen 1000 Einwohnern ist ein kleines Juwel und unterscheidet sich in seiner Anlage sehr von den übrigen Dörfern der Watteninseln. Kein Wunder, da er ab 1720 über Jahrzehnte quasl auf dem Reißbrett entstand, als das Westdorf in der ersten Hälfte des 18. Jh. allmählich versank. Zuerst entstanden parallel zueinander verlaufende Straßen, *streken* genannt. Sie wurden in Ost-West-Richtung angelegt, um dem Wind so wenig Angriffsfläche wie möglich zu bieten. Die großzügig angelegten Wege säumen Bäume und kleine Grünflächen, die besonders bei den Fasanen beliebt sind. Im ältesten Teil des Dorfs (Voor-, Midden- und Langestreek) finden sich zahlreiche alte, schön restaurierte gelbe Backsteinhäuser im typischen Inselstil mit tiefem Satteldach, *topgevel* mit Schornstein, kunstvoll ausgeführtem Mauerwerk in der *daklijst* und der großzügigen Fenstereinteilung. Charakteristisch sind auch die Windmäuerchen an der Westseite der Häuser und die kleinen Anbauten *(lytje hús)* in den netten Gärten.

Sehenswert

Huis Marten: Middenstreek.
Eines der ersten Häuser des Dorfes und heute das älteste erhaltene Gebäude der Insel (1721).

Willemshof: Auf dem zentralen Dorfplatz erinnert eine mannshohe Statue an die ersten Bewohner der Insel, die Laienbrüder eines Zisterzienserklosters. Der Mönch in der grauen Kutte reckt die Hand gen Himmel. Eine Art Tor bilden zwei gewaltige Walfischkiefer *(walviskaken)* am Rand des Willemshofes. Sie sind ein Geschenk von Klaas Visser, Kapitän auf dem Walfänger Willem Barentsz.

Het Witte Huis: Nieuwestreek.
Über der Tür des Gemeindehauses von 1857 hängt das Gemeindewappen in Gold: der die Hand hebende Mönch.

Watertoren: Torenstreek, hinter dem Bezoekerscentrum, nur von außen zu besichtigen.
Der auch ›weißer Turm‹ genannte ehemalige Leucht- (1854–1911) und Wasserturm (1948–69) wird heute von der niederländischen Telekom (PTT) genutzt. Die kupferne Kuppel des unter Denkmalschutz stehenden Turms ziert ein 2 m großer Mönch als Windfahne.

Bezoekerscentrum:
Torenstraat 20,
Tel. 05 19/53 16 41,
http://waterland.net/npschierm,
Mo–Sa 10–12, 13.30–17.30 Uhr.
Ausgezeichnet aufbereitete interaktive Ausstellung zur Natur Schiermonnikoogs, die auch Kindern Spaß macht. Mit vielen Modellen zu den acht Landschaftstypen Schiermonnikoogs, Tondokumenten, Aquarien (u. a. einem Rochenbecken), schönen Schaukästen mit z. T. liebevoll gemaltem Hintergrund, Diashow, Videos, einem Inselmodell, an dem eindrucksvoll der Wechsel von Ebbe und Flut gezeigt wird, Modellschiffen, einer umfangreichen Bibliothek und Wechselausstellungen zur Kulturgeschichte der Insel. Verleih von Ferngläsern; zahlreiche Exkursionen (s. S. 100).

Het Gribus: Badweg 67a,
Tel. 05 19/53 16 69, www.gribus.com,
Öffnungszeiten s. Anschlag am VVV (s. S. 101).
Das Raritätenkabinett ist sicherlich Geschmackssache. Interessant sind auf jeden Fall die Strandräuber- und Walfangabteilungen; mit nettem Café.

Tipp für Wanderer und Radfahrer

Ein schöner Rad- und Spazierweg führt rund um den südwestlich vom Dorf gelegenen Westerplas, ein aus einer Salzwiese durch künstliche Dünenaufschüttung geschaffenes Süßwasserreservoir (1962; nicht zugänglich). Der Teich ist ein bei Zug- und Sumpfvögeln beliebter Trink-, Bade- und Brutplatz; Möwen fliehen bei starkem Sturm hierher. Grasende Pferde verhindern das Zuwachsen.

Sport & Strände

Strand: sehr breit, kilometerlang, feinsandig, kinderfreundlich; im Sommer zwischen Paal 6 und 7 (die Pfähle stehen im Abstand von 1 km am Strand) bewacht; Strandpavillon. Achtung: Das Betreten der Sandbänke westlich von Paal 5 ist lebensgefährlich.

De Berkenplas: Prins Bernhardweg, 5 Min. mit dem Rad vom Dorf entfernt (in östl. Richtung).
Kleiner, flacher Süßwassersee am Waldrand, ideal für Kinder, mit Café-Restaurant.

Schwimmbad De Dûnatter:
Duinpad 10,
Tel. 05 19/53 13 16,
Mitte Mai–Ende Aug.
Beheiztes Freibad mit Wasserrutsche, Jetstream, Sauna, diverse Veranstaltungen im Sommer wie das 4-tägige Schwimmfest.

Radverleih/Radfahren: Schierfiets, Noorderstreek 32, Soepboer, Paaslandweg (für Tagesgäste direkt an der Fähre; Mitte Mai–Mitte Sept.); ausgezeichnetes Radwegenetz (Infos beim VVV).

Manege Binnendijken: Van der Molenpad 13, Tel. 05 19/53 16 33. Begleitete Ausritte.

Jachthafen: Tel. 05 19/53 15 44.

Kanuverleih und -touren (auf dem Wattenmeer): Reactief, Tel. 06/23 34 50 68 (Handy), www.reactief.dds.nl.

Tennis: Infos beim VVV (s. S. 101).

Windsurfen: bei Paal 3 (Surfschule, Brettverleih) oder an der Wattenmeerseite beim Jachthafen.

Wandern: Schiermonnikoog verfügt über ein ausgezeichnetes Wandernetz. Geführte Wanderungen, ob zu den Brutvogelgebieten im Osten oder zur Entenkoje sowie einer Abendwanderung, veranstalten u. a. der VVV, die Vereniging Natuurmonumenten und das Bezoekerscentrum. Praktischerweise sind alle Führungen über das Bezoekerscentrum (s. S. 99) zu buchen. Auf eigene Faust kann man in Flyern beschriebene Routen unternehmen (erhältlich beim VVV, s. S. 101), so z. B. eine 2–2,5-stdg. Wanderung durch Wald und Dünen, ›Bos en Duin‹.

Wattwanderungen: Infos beim VVV (s. S. 101).

Planwagenfahrten: Abfahrt an der Jugendherberge; vorab beim Bezoekerscentrum reservieren.
2-stdg. Fahrt über den Strand zum Rif (gewaltige Sandplatte) und über den Wattendeich zurück ins Dorf.

Kutterfahrten: mit der MS Silverwind, www.silverwind.nl, Infos und Reservierung beim VVV, oder der MS Jafanka, vorab beim Bezoekerscentrum reservieren.

Eilander Balgexpres: s. S. 104.

Schlittschuhbahn: De Halve Maan (Eintritt) am Badweg und auf dem Berkenplas (s. S. xy).

Ausgehen

Tox-Bar: Reeweg 5, www.toxbar.nl, Öffnungszeiten Disco: Nov.–April Do–So 12–2, April–Nov. (mit Terrasse) tgl. 22–2 Uhr, Café ab 10 Uhr.
Angesagtes Café-Dancing; manchmal Karaoke-Abende; neue, großzügige Terrasse.

It Aude Beuthus: Nieuwestreek 6, tgl. 10.30–ca. 2 Uhr (last order).
Im alten Rettungsboothaus brummt es, ob auf der Café-Terrasse oder in der netten Kneipe mit den vielen Biersorten; Dartspiel und -turniere.

De Tjattel: s. S. u., tgl. 10–2, im Winter Mo–Do 12–2, Fr–Sa 10–2 Uhr.
Gut besuchtes Billardcafé, Darts; Terrasse.

VVV: Reeweg 5, Postbus 13, 9166 ZP Schiermonnikooog, Tel. 05 19/53 12 33, 05 19/53 19 00, Fax 05 19/53 13 25, www.vvvschiermonnikoog.nl, Mai, Juni, Sept. Mo–Fr 9–12.30, 13.30–18, Sa 9.30–12.30, 13.30–16.30 Uhr, Juili, Aug. Mo–Fr 9–13, 14–18, Sa 9.30–13, 14–16.30 Uhr, Okt.–April Mo–Fr 9–12.30, 13.30–17.30, Sa 9.30–12.30, 13.30–16.30 Uhr.

Pension Westerburen: Middenstreek 32, Tel. 05 19/53 11 96, www.pension.westerburen.nl, DZ 52–72 €.
Im alten Teil des Dorfes liegt Familie Vissers ruhige Pension mit 10 Zwei-Bett-Zimmern; alle mit Dusche und WC sowie TV; kleine Außenterrasse.

Herberg Rijsbergen: Knuppeldam 2, Tel. 05 19/53 12 57, Fax 05 19/53 16 80, www.herbergrijsbergen.nl, DZ 66 €.
Einfach, aber geschmackvoll eingerichtetes Haus (18. Jh.), in dem die diversen Herren der Insel lebten. Die am Ostrand des Dorfes neben dem Streichelzoo schön gelegene Herberge verfügt über 18 Zimmer (überwiegend 2-, einige 1–4-Bett-Zimmer, alle mit Dusche, WC), zwei Aufenthaltsräume und eine Hausbar, aber keine Küche; Terrasse, große Spielwiese, großzügiges Grundstück.

Hotel de Tjattel: Langestreek 94, Tel. 05 19/53 11 33, Fax 05 19/53 11 99, www.detjattel.nl, DZ 62–81 €.
Am schönen Langestreek zentral gelegenes kleines Hotel mit nur 17 einfachen, aber praktisch eingerichteten Zimmern (3 mit Dusche, WC und eigenem Eingang) sowie Billard- und **Eetcafé.** Nach den Zimmern unten fragen.

Hotel Duinzicht: Badweg 17, Tel. 05 19/53 12 18, Fax 05 19/53 14 25, www.schiermonnikoog.net/duinzicht, DZ 73–107 €.
Das gemütliche, im altholländischen Stil eingerichtete Familienhotel liegt ideal zwischen Dorf und Strand hinter den Dünen; nach den *tuinkamers* (Gartenzimmern) fragen, die in einem modernen Anbau inmitten der Dünen untergebracht sind; mit **Café, Restaurant,** Sauna/Solarium, Spielplatz, einige Zimmer mit Whirlpool, alle mit Bad/Dusche und WC, einige mit Balkon.

Hotel van der Werff: Reeweg 2, Tel. 05 19/53 12 03, Fax 05 19/53 17 48, DZ ab 85 €.
Das vielleicht schönste Hotel der Inseln – es stammt aus dem Jahr 1726 und wurde ursprünglich als Poststation und

In Schiermonnikoogs idyllischen Sträßchen fühlen sich nicht nur die Fasane wohl ...

Rathaus erbaut – besitzt eine altmodische Gaststube, eine sehr gemütliche Lounge und eine gut besuchte Außenterrasse sowie eigene Tennisplätze (alle Zimmer mit Bad/Dusche, WC); die Zimmer sind eher klein; Hotelbus.

Hotel Graaf Bernstorff:
Reeweg 1, Tel. 05 19/53 20 00,
Fax 05 19/53 20 50,
www.bernstorff.nl, DZ 130–200 €.
Komfortables Hotel/Apartmenthotel. Die großzügigen Räume sind geschmackvoll im mediterranen Stil eingerichtet, großzügig, hell und freundlich; extralange Betten, Café mit Außenterrasse, exquisites Restaurant, Hotelbus. Nach den Apartments mit Gärtchen oder Dachterrasse fragen.

Camping

Camping Seedune: Seeduneweg 1,
Tel. 05 19/53 13 98,
www.schiermonnikoog.net/seedune,
April–Sept.
Schöner, 8 ha großer Naturcampingplatz inmitten eines Dünengebietes am Waldrand nördlich des Dorfes. Einfach, aber zweckmäßig ausgestattet, mit Kiosk, Kantine und Kinderspielplatz.

De Oase: Badweg 5,
Tel. 05 19/53 17 12,
ab 16 Uhr, Hauptgerichte 13–17 €,
Thai-Gerichte 13/14 €.
Neben den üblichen Fisch- und Fleischgerichten wird hier einfache Thai-Küche zu akzeptablen Preisen geboten; mit Außenterrasse.

De Ware Jacob: Langestreek 46,
Tel. 05 19/53 16 87, ab 16/17 Uhr,
Juli, Aug. tgl., April–Juni, Sept., Okt.
Di–Fr, Nov.–März Do–So,
Pizza 7–13 €,
Hauptgerichte 11,50–18 €.
In der ehemaligen Pizzeria gibt es immer noch gute Pizza, aber auch Fisch- und Fleischgerichte, z. T. auf dem Lavagrill zubereitet. Der Clou des gemütlichen Restaurants mit Außenterrasse und Wintergarten ist die Dachterrasse.

De Tjattel: s. S. 101,
Hauptgerichte 12–20 €.
Liebevoll eingerichtetes Eetcafé mit kleiner Lunch- und großer Abendkarte, in dem alles auf die Seefahrt abgestimmt ist, selbst die Gerichte tragen die Namen von Schiffstypen. Zu empfehlen: der ›Trawler‹ (Tunfisch vom Grill; 17 €); angenehme baumbeschattete Terrasse.

Hotel Duinzicht: s. S. 101,
Pannekoeken 5–7 €,
Hauptgerichte 15–22 €.

Gemütlichkeit wird in diesem altholländischen Restaurant mit windgeschützter Terrasse groß geschrieben. Spezialität des Hauses: das Juttersmaal mit vier Sorten Fisch und Muscheln (40 €).
Hotel Graaf Bernstorff: s. S. 102, 3–4-Gänge-Menüs 37–45 €.
Wer es sich leisten kann, genießt im mediterran angehauchten Ambiente oder auf der Terrasse die exquisite Mittelmeerküche mit feinsten Zutaten.

Einkaufen

Schiermonnikooger Vishandel: Noorderstreek 38.
Kaasboerderij Florida: Reddingsweg 38, Tel. 05 16/53 14 77. Super-lecker: Käse, Joghurt oder Buttermilch der Familie Holwerda. Auch Besichtigungen nach telefonischer Absprache möglich.

Fähre: bis zu 7x tgl. Fährverbindungen (ca. 45 Min.) von Lauwersoog (Verkaufsschalter dort; Tel. Fähre 09 00/455 44 55, 0,30 €/Min., nur national erreichbar, www.pdl.nl).
Pkw-Verbot für Gäste. Auf der Insel stehen bei Ankunft der Fähre **Taxis** und **Busse** (u. a. zum Strand) bereit. **Fahrradverleih** für Tagestouristen am Anleger.

Ziele in der Umgebung

De Bank van Banck: Von der ganz im südwestlichsten Zipfel des Westerplas gelegenen Bank zur Erinnerung an J. E. Banck, der 1860 den ersten Deich anlegen ließ, hat man eine gute Aussicht u. a. auf den alten Bancksdijk im Nordwesten, ohne den der Polder gar nicht erst hätte entstehen können.

Westerduinen: s. S. 97.

Vuurtoren: Vuurtorenpad.
Der auch ›der rote Turm‹ genannte, 37 m hohe Leuchtturm wurde 1853 gebaut und ist heute aufs Modernste ausgerüstet. Er ist 24 Stunden am Tag bemannt und nicht zu besichtigen.

Eerste en Tweede Dennen: Die beiden Kiefernwälder ließ Graf von Bernstorff 1912 und 1919 anlegen. Eigentlich wollte er das Holz verkaufen, doch die Transportkosten zum Festland wären viel zu hoch geworden und: Die vom Wind geplagten Kiefern wuchsen allesamt schief. Heute dienen sie in erster Linie als Windbrecher. Am Rand sind die Kiefernwälder längst von Laubbäumen durchsetzt, was den Vögeln sehr viel besser gefällt. Man trifft auf Rotkehlchen, Singdrossel, Zaunkönig, Meise, Amsel, Grünling oder auch Birkenzeisig.

Bospad: Der Radweg im Norden der Insel führt durch eine beeindruckende Landschaft aus dem Auf und Ab von Dünen und Dünentälern. In den feuchteren Niederungen wachsen u. a. Orchideen.

Vredenhof: am Reddingsweg.
In der Nähe des Bunkers liegt ein winziger, idyllisch von Bäumen beschatteter Friedhof, auf dem die seit 1917 ertrunkenen Seemänner ihre letzte Ruhestätte fanden. Seite an Seite liegen hier auch Gefallene aus beiden Weltkriegen: Australier, Kanadier, Deutsche, Briten, Polen.

Eendenkooi: am Ende des Kooiweges; nur mit Führer (s. S. 100, Wandern) zu besichtigen (15. April–15. Juli).
Die Entenkoje, in der jährlich ca. 250 Enten zum Beringen gefangen werden, dient den Zugvögeln heute als Rastplatz auf ihrer Reise.

Peilbake in den Kobbeduinen: über den Radweg in der Verlängerung des Kooiweges zu erreichen.
Diese Bake, in der ursprünglich Feuer angezündet wurden, um Schiffen den Weg zu weisen (oder, wie böse Zungen sagen, um sie aufs Land lotsen und ausrauben zu können), ist heute ein hervorragender Aussichtspunkt über Ost-Schiermonnikoog. Einst gab es viele Baken auf der Insel, heute nur noch zwei (Bake auf der Willemsduin; zu Fuß über den Kwelderpad zu erreichen).

Die Kobbeduinen selbst bestehen aus zwei lang gestreckten, parallel zueinander verlaufenden kalkhaltigen Dünen und einem dazwischen liegenden Dünental (Vogelbrutgebiet; im Rahmen von Führungen zu besichtigen).

Het Balg: Sandplatte im Osten der Insel; 9 km vom Badstrand entfernt, entweder zu Fuß oder mit dem Eilander Balgexpres. Abfahrt mit dem von einem Taktor gezogenen Wagen am Strandhotel am Ende des Badweges, vorab reservieren beim Vishandel am Noorderstreek oder im Bezoekersentrum, s. S. 99.

Highlight 12

De Wassermann: vom Prins Bernhardweg nach rechts abzweigen.
Der Bunker, den die im Mai 1940 auf Schiermonnikoog gelandeten Deutschen errichteten, war wie einige andere auf der Insel auch Teil des ›Atlantikwalls‹. Der einstmals unter Sand versteckte Bunker liegt heute frei und abstoßend da, bietet aber – er ist der höchste Punkt der Insel – eine wunderbare Aussicht über Insel und Festlandsküste.

Natur, so weit das Auge reicht – Nationalpark Schiermonnikoog

Extra-

Fünf Extras auf den ›waddendiamanten‹

1. Texels Westen – Salzwiesen, Dünen und Wald
2. Das Alte Land Texels: der Hoge Berg

Alle Touren sind auf dem großen Faltplan eingezeichnet

Touren

3. Das Vliehors – die ›Sahara des Nordens‹
4. Von Sandplatte zu Sandplatte – Terschelling von West nach Ost
5. Amelands unbewohnter Osten: Oerd und Hôn

Tour 1

Idealer Lebensraum für zahlreiche Vogelarten – De Slufter

Texels Westen

Salzwiesen, Dünen und Wald

Zwischen **De Cocksdorp** und De Koog erstreckt sich mit den Salzwiesen des Slufter und dem dicht bewachsenen Naturschutzgebiet De Muy ein abwechslungsreicher Küstenstreifen – entstanden 1851, als die stürmische See die Dünenkette an drei Stellen durchbrach. Bei De Muy dauerte es fast drei Jahrzehnte, bis die Lücke wieder geschlossen war, im Slufter scheiterten jedoch – aus heutiger Sicht zum Glück – alle Bemühungen. Durch das regelmäßige Überfluten mit Salzwasser ist ein außergewöhnliches Gebiet entstanden, das in ruhigen Zeiten von Tümpeln und Prielen durchzogen ist, bei Springflut und Stürmen jedoch zu einem riesigen Binnensee anschwillt. Ein Deich schützt das niedriger gelegene Muy zum Slufter hin vor Überflutungen. Im Slufter können nur solche Pflanzen existieren, die auch Salzwasser vertragen. Sehr schön sind Strandflieder *(lamsoor),* der die Salzwiese im Juli und August mit einem lila Pinselstrich überzieht, und Grasnelke, die im Mai und Juni rosa Farbakzente setzt.

Startpunkt der Radtour ist am Radweg hinter den Dünen, wo der Krimweg kreuzt. Parallel zum Nordseestrand führt die schnurgerade Route am Dünensaum an den Naturgebieten vorbei bis nach De Koog. In Höhe von Slufter- und Muyweg lohnt eine Rast, um einen Blick über die Dünen zu werfen oder eine kleine Wanderung zu machenund die vielfältige Flora und Fauna zu bestaunen. Im nördlichen Teil der Wasserlandschaft des **Slufter** brüten Limikolen wie Sandregenpfeifer, Eiderenten und Säbelschnäbler (während der Brutzeit gesperrt, sonst ab Parkplatz am Krimweg über grün markierten Wanderweg). Im Süden führt ein gelb markierter Spazierweg zum Strand (Start: Treppenaufgang am Ende des Slufterweges). Selbst in der Hochsaison ist hier wenig Betrieb. Vom Strand fließt das salzige Nordseewasser durch den breiten Seearm **Slufterkreek** in einem großen Bogen durch die Landschaft.

Gedeckter Tisch vor dem Abflug

Der Süßwasserdünensee **Muyplas** ist Brutgebiet für Löffel- und Fischreiher und rund 50 weitere Vogelarten. Hier tummeln sich Enten aller Art. In Spätsommer und Herbst essen sich Singvögel vorm Start in den Süden an den Holunder- und Sanddornsträuchern satt, und im Frühjahr singt die Nachtigall noch lange nach Einbruch der Dunkelheit. Dohlen, Brandgänse und Hohltauben machen es sich in verlassenen Kaninchenhöhlen gemütlich und die Langohren hoppeln Haken schlagend durchs Gebüsch.

Kurz vor De Koog, in der Wiesen- und Heidelandschaft des kleinen Polders **De Nederlanden,** bietet sich von der 20 m hohen Düne **Nol van Bertus** ein weiter Rundblick (zu erreichen über blau markierten Wanderweg). Nach einem Abstecher in den Ferienort **De Koog** (s. S. 43ff.; gute Einkehrmöglichkeiten) führt der Weg am Waldrand (Ruyslaan) entlang und streift den Dünengürtel bei **EcoMare** (s. S.43f.; mit Café).

Durch Wald und Heide

Immer parallel zum Strand geht es über den Randweg in das wunderschöne Waldgebiet **De Dennen** (›die Kiefern‹). Selbst bei starkem Wind lässt es sich auf den geschützten Wegen mühelos radeln. Im Lauf der Zeit wurde ein beträchtlicher Teil des einstigen Kiefernwaldes mit Laubbäumen aufgeforstet, worüber sich Buntspecht, Zaunkönig, Waldohreule, Kuckuck und Nachtigall freuen. Interessant ist der sichtbare Einfluss von Wind, Salz und Wasser auf das Wachstum der Bäume. Die Bäume auf der Nordseeseite des Waldes strecken sich übrigens um so höher in die Luft, je weiter sie von der See entfernt und vorm salzigen Wind geschützt sind. Der Wald ist recht licht, sodass der Boden dicht bewachsen ist. Gute Aussichtspunkte sind **Fonteinsnol** (nahe der Kreuzung Rozendijk/Bakkenweg/Westerslag) und **Kampeernol** (am Waldrand, zu erreichen über Westerslag).

Dort, wo der Randweg in den Nattevlakweg übergeht, liegt der Waldkiosk Het Turfveld und rechts führt der Westerslag zum Badestrand bei Strandpfahl 15.

Nach Verlassen des Waldes führt der Radweg (Rommelpot) vorbei an ausgedehnten Heideflächen bis nach Den Hoorn (s. S. 39ff.). Krähenbeere, Besen- und Glockenheide überziehen das Dünengebiet vom Frühjahr bis zum Herbst mit sattem Violett.

Entweder auf demselben Weg zurückfahren oder über Westerweg, Akenbuurt, Kogerweg, Nieuwlanderweg und Postweg durch Felder und Wiesen zurück nach De Cocksdorp.

Tour-Info

Route: mit einem Besuch von EcoMare und Abstechern Tagestour. Vom Startpunkt bis De Koog ca. 9 km, von De Koog bis Den Hoorn ca. 11 km, Rückweg durch Felder und Wiesen ca. 20 km.
Exkursionen: Infos bei EcoMare, s. S. 43f. Gelb und blau gekennzeichnete Wanderwege sind das ganze Jahr über zugänglich, grün markierte vom 16. Aug. bis 1. März und im Rahmen von Exkursionen.
Schöne Ausflüge im Wald auch mit dem Auto (Einbahnstraßen beachten) und hoch zu Ross (viele Reitwege). Im Wald gibt es Bänke, Picknick- und Spielplätze zum Verschnaufen.
Broschüren mit **Beschreibungen von Fahrrad- und Wanderrouten** sind beim VVV erhältlich. Die staatliche Forstverwaltung gibt zu vielen Naturgebieten einzelne Flyer heraus, die bei VVV und EcoMare ausliegen.
Einkehren: viele Restaurants/Imbissbuden in De Koog, z. B. Het Binnenhof (s. S. 46); in Den Hoorn Klif 23 (s. S. 54).

Tour 2

Schafe zählen – auf Texel nicht immer ein so leichtes Unterfangen

Das Alte Land Texels

Der Hoge Berg

Der Weg von Den Burg zum Fischerdorf Oudeschild führt durch das hügelige Landschaftsschutzgebiet des Hoge Berg, das zum alten Land, einem der schönsten Gebiete der Insel, gehört. Der Hoge Berg, einer der ältesten Inselteile, ist in der letzten Eiszeit entstanden, als riesige Gletscher Unmengen an Lehm, Kies und Ton aufeinander stapelten. In diesem beschaulichen Landstrich ist alles vertreten, was früher typisch für das gesamte Oude Land war, im Zuge der Flurbereinigung jedoch mehr und mehr verloren ging.

Die Felder sind eingerahmt von Wällen, Schafscheunen *(schapenboeten)*, und pyramidenförmige Gehöfte sind hübsch über die Landschaft verteilt. Überall beherrschen friedlich grasende Schafe das Bild. Zwischen den begrenzenden Zaunwällen *(tuinwallen;* texelsche Besonderheit aus aufeinander gestapelten Grassoden) ziehen sich unbefestigte Hohlwege quer durch die Landschaft. Schafscheunen und Zaunwälle haben ihren Ursprung im 17. Jh., einer Zeit, in der die Felder weit von den Höfen entfernt lagen, Lagerraum für Futter und Geräte benötigt wurde und die zerstückelten Parzellen umzäunt werden mussten. Kreuz und quer wachsen auf den *tuinwallen* Blumen, Gräser und Sträucher durcheinander. Die *schapenboeten* dienen bis heute nicht als Stall für die Schafe – diese gelten als wind- und wetterfest –, sondern nach wie vor als Lagerraum. Die abgeschrägte Seite weist stets nach Westen, damit der meist aus dieser Richtung wehende Wind hierüber hinweg gehen kann, und der Giebel mit der Heuluke liegt windgeschützt im Osten.

Erinnerungen an alte Zeiten

Wanderungen durch das Gebiet kann man von verschiedenen Bushaltestellen an Pont- und Schilderweg starten (auch Touren von Haltestelle zu Haltestelle) oder von verschiedenen Parkplätzen in Den Burg und Oudeschild. Startpunkt dieser Tour: Parkplatz am Zwembad Molenkoog am Rand von Den Burg. Hinterm Schwimmbad geht der Slingerweg in zwei Sandwege über, dem linken (Slingerwegje) folgen. Der Pfad führt nach gut 500 m am **Georgierfriedhof Loladze** vorbei. Hier liegen die georgischen Soldaten begraben, die während ihres Aufstandes gegen die deutschen Besatzungstruppen im Frühjahr 1945 gefallen sind. Links in die Straße Zuid Haffel einbiegen und nach wenigen Metern rechts in den Schansweg. Kurz vorm Deich liegen rechts die Überreste der **Festung De Schans,** die 1572 zum Schutz der texelschen Reede errichtet wurde. Von allen drei texelschen Festungen – die nie zum Einsatz kamen – blieb nur De Schans teilweise erhalten. Am Deich führt der Weg nach links bis **Oudeschild,** hier links in die De Ruyterstraat und erneut links in den Weg 't Buurtje einbiegen, der ins Skillepaadje mündet. Parallel hierzu verläuft der **Schilsloot,** ein kleiner Kanal, der während der Blütezeit der Seefahrt ausgehoben wurde, damit kleine Boote vom Wattenmeer zu den Brunnen beim Landsitz Brakestein schippern konnten. Hier nahmen sie Fässer mit Trinkwasser an Bord, womit sie die vor Oudeschild ankernden Schiffe versorgten. Die Einkünfte aus dem Wasserverkauf flossen ans Waisenheim in Den Burg, weshalb die Quellen Waisenbrunnen, **Wezenputten,** genannt wurden. Reste der Brunnen liegen gegenüber vom Hof Brakestein.

Die Route kreuzt eine befestigte Straße und links vom Weg befindet sich das einzige Insektenschutzgebiet der Niederlande, die Sand- und Lehmgrube **De Zandkuil** (nur im Rahmen von Exkursionen zugänglich). Die sonnige Lage am Südhang des Hoge Berg schafft ein ideales Klima für viele Insektenarten, darunter auch seltene Grabbienen und -wespen, die sich zum Nisten in den Sand graben.

Der Riese unter lauter Zwergen

Nach knapp 300 m führt links ein Fußweg vorbei an *tuinwallen* ins Herz des Alten Landes. Vom höchsten Punkt – bei nur 15 m Höhe liebevoll-großspurig **Hoge Berg** genannt – hat man einen traumhaften Blick über die ganze Insel. Am befestigten Schansweg angelangt, diesem nach rechts gut 200 m folgen, dann nach links zwischen Weiden hindurch bis zum Slingerwegje laufen. Hier nach rechts einbiegen und zurück zum Parkplatz.

Tour-Info

Route: 8 km, 2 Std., mit Abstecher zum Museum Halbtagestour.
Festung De Schans: April–Okt. Mi ab 10 Uhr einstündige Führung, Infos: Maritiem en Jutters Museum (s. S. 58f.). Die Festung wird seit Anfang der 1990er Jahre ausgegraben, die archäologischen Funde sind im Maritiem en Jutters Museum ausgestellt.
Infos zu Exkursionen in der **Lehmgrube De Zandkuil** bei EcoMare (s. S. 43f.).
Die Tour lässt sich gut mit einem Besuch des **Maritiem en Jutters Museum** verbinden, das Einblicke in Seefahrt und Strandräuberei gewährt; auch für Kinder interessant (s. S. 58f.). Im Museum befindet sich auch die Schatulle, in die früher der Erlös aus dem Verkauf des Wassers aus den Waisenbrunnen floss.
Einkehren: Im Hafen von Oudeschild liegen mehrere gute Fischrestaurants, in denen der Fisch garantiert frisch ist; empfehlenswert z. B. das Café-Restaurant Havenzicht (s. S. 60). Nach dem Essen bietet sich ein Gang durch den Hafen an, hier liegt Texels Fischereiflotte.
Freitags lohnt ein Abstecher nach **Oudeschild** (58ff.) besonders, denn dann kehren die Fischkutter zurück und im Hafen ist viel Trubel.

Tour 3

Het Posthuys: ehemals Quartier des Vlielander Postillons

Das Vliehors

Die ›Sahara des Nordens‹

Het Posthuys auf Vlieland verdankt seinen Namen dem Insel-Postillon, der hier sein Quartier aufgeschlagen hatte. In alten Zeiten wurde die Post von hier mit Pferd und Wagen zu einem festen, 8 km entfernten Treffpunkt mit dem texelschen Postboten aufs Vliehors gebracht, von dort mit einem Boot weiter nach Texel und schließlich nach Amsterdam befördert. Kein leichter Job für den Vlielander Postillon, der bei Wind und Wetter raus musste. Innerhalb von erstaunlichen zehn bis zwölf Stunden hatten die so genannten Seebriefe und die übrige Post via Den Helder ihr Ziel erreicht. In Amsterdam warteten die reichen Kaufleute bereits ungeduldig auf Nachricht von den einlaufenden Schiffen. 1927 ersetzten Postflugzeuge den Postweg über Land und Meer. Heute ist das Posthuys ein hervorragender Rastplatz für Radfahrer und Wanderer (s. S. 65).

›Sollbruchstelle‹ Kroon's Polders

Etwas weiter westlich liegen die **Kroon's Polders.** Diese entstanden aus der Not: Um eine Zweiteilung Vlielands zu vermeiden – immer mehr Land ging an dieser ›Sollbruchstelle‹ verloren – wurde das Gebiet erfolgreich eingepoldert. Die staatliche Forstverwaltung lässt in das zwischen 1900 und 1930 eingedeichte Naturschutzgebiet regelmäßig Seewasser fließen, um es so attraktiv wie möglich für Vögel zu machen. Insbesondere Eiderenten, die wichtigsten Brutvögel Vlielands, haben sich hier niedergelassen. Die Zahl der hier brütenden Eiderenten wird pro Jahr auf einige Dutzend Paar geschätzt, neben mehr als 70 anderen Vogelarten.

Beschäftigung contra Natur

Am Ende des Polderweges ist Schluss für Radfahrer, hier geht es nicht weiter. Eine gewaltige sandige Ebene liegt vor dem Betrachter: das **Vliehors** – wenig bescheiden auch ›Sahara des Nordens‹ genannt. Um seine Dimensionen zu erfassen: Es nimmt flächenmäßig fast die Hälfte der Insel ein. Seit dem Ende des Zweiten Weltkriegs wird die ausgedehnte Sandfläche als militärisches Übungsgebiet, insbesondere für Tiefflüge, genutzt. Die Nutzung der zum Teil unter Schutz stehenden Fläche rief Naturschützer auf den Plan, die gegen die von September bis April stattfindenden Schieß- und Flugübungen protestieren. Die Vlielander selbst halten sich bei diesem Thema allerdings eher bedeckt: Neben dem Tourismus ist die Arbeit beim und für das Militär die wichtigste Einnahmequelle für die Bevölkerung.

Mit dem Lastwagen durch Treibsand und militärisches Sperrgebiet

Das Vliehors ist an den Wochenenden, an denen das Militär nicht übt, frei zugänglich. Doch es ist nicht empfehlenswert, über die sandige Ebene zu wandern. Denn im Vliehors wird immer mal wieder scharfe Munition gefunden, gibt es tückischen Treibsand, und auch die schnell hereinbrechende Flut kann gefährlich werden.

Dank des **Vliehors-Expres** ist ein Besuch der ›Sahara‹ jedoch trotzdem möglich – sicher fährt Maarten Nijman seine Gäste über die weite Ebene. Er hat eine wohl einzigartige Absprache mit dem Militär getroffen: Nach telefonischer Kontaktaufnahme mit dem Kommandanten darf der umgebaute MAN-Lastwagen losdüsen – die Flieger haben zu warten.

Bis hin zum **Vlielander Reddingshuisje,** einem Wahrzeichen der Insel, geht die Fahrt. Häufig sind auch Seehunde zu sehen. Die 100 Jahre alte ehemalige Rettungsstation auf Stelzen bietet inmitten des Sandes einen hübschen Anblick und findet sich daher auch auf vielen Postkarten und Buchtiteln wieder. Heute ist hier ein kleines Museum eingerichtet, das über die *jutterij* informiert. Bislang skurrilster Fund: ein künstliches Gebiss …

Mitunter fungiert Maarten übrigens auch als Trauzeuge: Im Reddingshuisje können sich Ehewillige seit einigen Jahren trauen lassen.

Texel grüßt …

Weiter südwestlich liegt der gut 150 m lange Landungssteg, an dessen Ende der Kutter Vriendschap anlegt, der Besucher von und nach **Texel** bringt. Im Rahmen dieser netten Tagestour landet man in der Nähe des Leuchtturms, praktischerweise direkt an einem empfehlenswerten Strandpavillon. Hier jetzt nur nicht hängen bleiben, sondern kräftig in die Pedale treten, um die größere Nachbarinsel zu erkunden …

Tour-Info

Vliehors-Expres: Tel. 05 62/45 19 71, Karten: Jan van Vlieland, Dorpsstraat 8; Abfahrt im Sommer vom Posthuys, außerhalb der Hochsaison vom Strandhotel; die gut 1,5-stdg. Fahrten finden nicht tgl. statt.
Tagesausflug nach Texel: nur im Sommer; ab Posthuys mit dem Vliehors-Expres (s. o.) um 10.30 Uhr, um kurz vor 11 Uhr ist der Steg in Sicht, wo schon Sil Boon mit seiner Vriendschap wartet (Tel. 02 22/31 64 51, Kartenverkauf an Bord), und um 11.30 Uhr ist texelscher Boden erreicht; Weiterfahrt mit dem Bus oder mit Fahrrädern (entweder mitbringen oder auf Texel beim Strandpaviljoen Vliezicht – sehr netter Pavillon – leihen); Rückfahrt um 17 Uhr.
Einkehren: Het Posthuys (s. S. 65) empfiehlt sich nach einer kürzeren oder längeren Radtour zur Einkehr, insbesondere Familien mit Kindern genießen hier die Möglichkeit, völlig entspannt zu essen und zu trinken.

Tour 4

Am Groene Strand unbedingt das Fernglas zücken …

Von Sandplatte zu Sandplatte

Terschelling von West nach Ost

Wie ein Schutzwall legen sich hohe Dünen im Westen um West. Über Trompstraat und Duinweg geht es zur **Seinpaalduin,** der südlichsten Düne, mit dem *seinpaal,* dem Signalmasten. Seit eh und je gibt er den Fischern an, mit welcher Windstärke zu rechnen ist. Zu seinen Füßen liegt West, auf der anderen Seite genießt man einen grandiosen Blick auf Noordsvaarder und bei klarem Wetter bis Vlieland.

›Angedockt‹ …

Zum **Noordsvaarder** gehören die immense Sandplatte im Westen des Dorfes sowie im Norden das gesamte Dünengebiet bis zum Paal 8 mit den **Kroonpolders** (Dünentälern), Sumpfgebieten, Heideflächen und Salzwiesen. Seit 1924 steht das 650 ha große Naturgebiet (exkl. der Sandplatte), eines der abwechslungsreichsten der Insel, unter Schutz. Es ist nur über wenige Pfade zu erreichen: am besten vom Groene Strand und dann zu Paal 3 bzw. weiter bis zu Paal 5.

Die gewaltige Sandbank machte übrigens erst 1866 an der Insel fest. So vielfältig die Landschaft, so vielfältig ist auch die Vegetation. Neben Vögeln fühlen sich hier Schmetterlinge, Kaninchen und Mäuse heimisch.

Durch den Wald von West (am Hallenbad vorbei, am *paddestoel* 23893 rechts ab) führt eine schöne Route zum **Duinmeertje bei Hee.** Das idyllische Fleckchen – der Süßwassersee lädt zur Rast und im Sommer auch zum Baden ein – entstand bei Aushubarbeiten für einen höheren Deich. Benachbart liegt die **Arjensdûne,** die höchste Düne der Insel mit einer fantastischen Aussicht auf die Umgebung.

Durch Wald und Heide

Dem Duinweg folgen, am Koreabos vorbei. Wenig später liegt auf der linken Seite die **Landerumer Hei.** Das einzige erhaltene alte Heidegebiet der Insel (14 ha) wurde 1924 unter Naturschutz gestellt. Vor allem Glocken- und Besenheide sowie Krükenbeere wachsen in diesem Terrain aus überwiegend älteren, trockeneren Dünen. Ihr ärgster Feind, alles überwucherndes Gras, soll durch weidende Schafe und Ponys in Schach gehalten werden.

Hinter dem **Formerumer Bos** (s. S. 69) erstreckt sich **De Koegelwieck.** Das unter Naturschutz gestellte weitläufige Dünental mit der 20 m hohen namengebenden Düne wurde von Wanderdünen geschaffen. Die Düne selbst ist im 19. Jh. mehr als 1 km südwärts gewandert.

Der benachbarte **Hoornse Bos** besitzt noch eine für Terschelling charakteristische *turfdôbbe.* Da der Großteil der Inselwälder auf hohen, trockenen Dünen steht, verdursteten viele junge Bäume. Die Lösung des Problems boten wassergetränkte Soden, die neben die Bäumchen gesetzt und an die noch jungen Wurzeln gedrückt wurden. Für die Soden buddelte man an den flachsten Stellen der Insel längliche, ca. 1 m tiefe Gruben. In diesen *turfdôbes* saugten sich die Torfstücke voll Wasser, um schließlich die neu angepflanzten Bäume zu versorgen.

Europäisches Naturdenkmal

Endspurt zur Boschplaat, deren Anfang nach ca. 7 km auf dem immer südlich vom Dünenareal verlaufenden *fietspad* erreicht ist. Sie trägt – als erste der Niederlande – den Titel ›Europäisches Naturdenkmal‹. Die gut ein Drittel der Insel ausmachende Boschplaat dockte erst nach dem Versanden des Koggedieps Ende des 19. Jh. an die Insel an. Schylge war plötzlich um fast ein Drittel größer: Hatte sich doch fast zeitgleich De Noordsvaarder angelagert. Die gewaltige, einst karge Sandbank gilt heute als Feuchtgebiet von internationaler Bedeutung.

Sümpfe, Naturwald, Salzwiesen, Marschen und fünf Wattenmeerarme beherbergen eine artenreiche Flora und Fauna. Für Hunderttausende Zugvögel ist es ein attraktiver Halt auf dem Weg von und zu den Überwinterungsgebieten in Südeuropa und Afrika. Neben den Silber- und Heringsmöwen, Eiderenten und Austernfischern brüten hier mehr als 70 weitere Vogelarten, u. a. der seltene Löffler. Fast 25 % aller in den Niederlanden vorkommenden Pflanzenarten wächst auf der Boschplaat. Der Strandflieder – im Juli ein Meer aus lila Blüten – lockt Honigbienen an, die den herrlichen *lamsoorhoning* produzieren.

Tour-Info

Route: von Noordvaarder bis zum Ende des befestigten Weges an der Boschplaat ca. 30 km, dann noch ca. 7 km bis zum östlichsten Teil der Boschplaat (Achtung: der Rückweg kann hier mitunter viel länger dauern als der Hinweg); vom 15. März bis 15. Aug. ist der westliche Teil der Boschplaat nicht zugänglich; mit Abstechern und Einkehrpausen eine schöne Tagestour.
Alternative: Planwagenfahrten (s. S. 70).
Infos zur Boschplaat: beim VVV (s. S. 79) oder bei Staatsbosbeheer, der staatlichen Forstbehörde, Longway 28, West-Terschelling, Tel. 05 62/ 44 21 16.
Einkehren: Zur Einkehr laden unterwegs zahlreiche Cafés und Restaurants. Direkt am Anfang in West-Terschelling lockt am Groene Strand De Walvis (s. S. 78f.). Zu einem ausführlichen Aufenthalt lädt in Midsland-Noord die Gasterij d'Drie Grapen (s. S. 75) – aber Achtung, es geht noch weiter. Und in Oosterend wartet etwas Besonderes: das Heart Break Hotel (s. S. 75) – direkt am Strand.

Tour 5

Die See nimmt und gibt: Blick auf die ›junge‹ Landschaft im Osten

Amelands unbewohnter Osten

Oerd und Hôn

Hinter **Buren** erstreckt sich über eine Länge von 11 km eine unberührte Landschaft, die nur mit dem *fiets* und zu Fuß besucht werden kann. Startpunkt ist der Radweg direkt hinter den Dünen an der Kreuzung mit dem Strandweg in Buren.

Es geht vorbei an den Buurderduinen mit der 15 m hohen Düne **Bureblinkert** (guter Aussichtspunkt) entlang dem 1893 angelegten Sandfangdeich **Kooioerdstuifdijk,** der Ameland mit der Düneninsel Oerd verband und die Salzwiese **Nieuwlandsreid** entstehen ließ. Seit dem Bau des Deiches ist das Naturschutzgebiet (NSG) vor der Nordsee geschützt, wird allerdings weiterhin regelmäßig vom Wattenmeer überflutet, und mehrere Priele schlängeln sich durchs Quellergebiet. Die Vogelwelt findet hier reichlich Nahrung und Brutplätze – bis zu 5000 Ringelgänse ruhen sich hier vor ihrem sommerlichen Flug gen Norden aus.

Unterwegs zur höchsten Düne der Insel

Weiter geht's ins jahrhundertealte Dünengebiet **Het Oerd,** das wie die im Osten angrenzende, sich ständig verändernde Sandebene De Hôn ein international bedeutendes NSG ist. Der Radweg endet an der Schutzhütte (mit Infotafeln) am Fuß des Oerdblinkert, der mit 24 m höchsten Düne der Insel. Von der Aussichtsplattform (mit Fernrohren) bietet sich eine herrliche Aussicht über Dünenseen, Nordsee, Wattenmeer und bei klarer Sicht bis Schiermonnikoog. Zur Nordseeseite hin bleibt der Blick an den Bohrinseln hängen – einem ständigen politischen Zankapfel. Aus einer Tiefe von 3000 m wird Erdgas unter dem östlichen Inselteil gefördert. Naturschützer befürchten eine Absenkung des Bodenniveaus, wodurch das Ökosystem aus dem Gleichgewicht gebracht würde.

Kinderstube für Watvögel

Zusammen mit feuchten Dünentälern sind die Oerder Dünen und De Hôn ein beliebtes Brutgebiet. Bei Hochwasser suchen hier Tausende von Watvögeln Zuflucht (15. März–15. Sept. weitgehend gesperrt; nur über den 4 km langen, mit orangefarbenen Pfählen markierten Rundweg zugänglich; Ausgangspunkt: Plattform auf dem Oerdblinkert). An der Wattseite der Oerder Dünen wachsen Rosen- und Holundersträucher und im Herbst setzt der Sanddorn knallorangene Farbakzente.

Hier führt der Weg an einer zwischen Oerd und Hôn gelegenen Salzwiese vorbei, die regelmäßig und ungehindert vom Wattenmeer überflutet wird. Der grüne Pflanzenteppich geht nahtlos ins Wattenmeer über.

Dann streift man **De Hôn,** eine Sandebene mit Primärdünen und sich langsam entwickelnder Vegetation; im Spätsommer sehr schön: der violette Strandfliederteppich. Entstanden ist De Hôn, da die Insel gen Osten wandert. Durch die starke Strömung im Borndiep wird im Südwesten Sand abgeschlagen, der sich teilweise im Osten ablagert.

Im Osten der **Oerderduinen** brütet eine Kolonie von 3300 Silbermöwenpaaren. Weitere Bewohner des Dünengebietes sind Kaninchen, deren Bestand 1958 durch Myxomatose beinahe völlig ausgemerzt wurde.

Unterwegs mit dem Entenfänger

Zurück an der Schutzhütte, kann man entweder denselben Weg hinter den Dünen bis zum Abzweig Strandweg zurückradeln oder beim Bureblinkert links in den Jan Sietsepad einbiegen und in südwestlicher Richtung – hinterm Campingplatz Klein Vaarwater vorbei – auf den Kooiweg zuhalten, in den man links einbiegt und nach gut 1 km den Kooiplaats mit der **Eendenkooi** erreicht. Der heute schön restaurierte Entenfang entstand 1705. An guten Tagen wurden damals bis zu 1000 Enten gefangen; heute leben hier verschiedene Entenarten. Bei einem einstündigen Rundgang erzählt der *kooiker* (›Entenfänger‹) allerlei Details zum Entenfang. Zurück geht es über den Kooiweg nach Buren.

Tour-Info

Route: Strandweg in Buren bis Schutzhütte und zurück ca. 14 km, mit Abstecher zur Entenkoje 20 km, Rundwanderweg plus 4 km.
Alternativen: Strandexpres von April–Okt. und Ende Dez. ab Strandzugang Ballum, Buren, Nes über den Strand bis De Hôn (ca. 2,5–3,5 Std.); mit interessanten Infos über Strand und Queller, Sandaufspülungen und Küstenschutz; Busfahrt auch für Rollstuhlfahrer geeignet; Infos: VVV oder Tel. 05 19/55 41 16. Auf dem **Traktoranhänger** über den Strand bis De Hôn, besonders für Gruppen geeignet; Infos: VVV oder Tel. 05 19/54 21 42 (Fa. Molenaar) und 05 19/55 42 79 (Fa. Nobel).
Entenkoje: Infos/Karten beim VVV (s. S. 94).
Geführte Wanderungen durch Oerd und Hôn bietet der Naturschutzverband It Fryske Gea vom 1. Mai–1. Sept. an, Info beim VVV (s. S. 94).
In Buren informiert das **Landbouw- en juttersmuseum** Swartwoude anschaulich über das oft mühsame Leben der Bauern im 18./19. Jh. und stellt die Funde von Strandräubern aus (s. S. 85f.). Von hier werden auch Kutschfahrten mit der Jan Plezier zum Entengehege angeboten.
Einkehren: 't Koaikers Huus, Kooiplaats 6, Tel. 05 19/54 38 64, tgl. ab 10 Uhr, außerhalb der Saison tel. anfragen. Schönes Ausflugslokal in einem alten Bauernhaus mit Sonnenterrassen und Spielplatz nahe des Entenfangs mitten im Grünen. Neben Pfannkuchen und *poffertjes* gibt es leckere Fisch- und Fleischspezialitäten. Verkauf von Eintrittskarten für die *eendenkooi.*

Register

Fotonachweis: Titelbild: Leuchtturm von Schiermonnikoog
Vignette: Wattwanderung auf Ameland
S. 6/7: Teilnehmer des Waddenzeefestivals in West-Terschelling
S. 38/39: Blick von Ameland aufs Festland
S. 106/107: Fischer auf seinem Garnelenkutter in West-Terrschelling

Pedro Citoler, Köln S. 4, 6/7, 56, 67, 71, 74, 79, 106/107, 110, 112, 114, Umschlagrückseite unten
Silke Geister, Hamburg S. 1, 2/3, 8, 9, 12, 24, 26, 41, 52/53, 59, 62, 82/83, 86, 90, 102/103, 105, Umschlagrückseite oben
G. Th. de Roos, Vlieland S. 15
Martin Zitzlaff, Hamburg Titelbild, S. 3 unten, 14, 19, 20, 30, 38/39, 44, 95, 98/99, 108, 116

Kartografie: © DuMont Reiseverlag

Grafisches Konzept: Groschwitz, Hamburg
Druck: Rasch, Bramsche
Buchbinderische Verarbeitung: Bramscher Buchbinder Betriebe

ISBN 3-7701-6432-6

Ich leb Online
mit T-Online.